JN119485

『吾妻鏡』に見る大庭景義

久保浄慧

海鳥社

「暫」鎌倉権五郎景政
博多人形師・川﨑修一制作

櫛田神社境内飾り山笠表題
鎌倉権五郎景政

茅ヶ崎市円蔵
大庭景義像と邸址

はじめに

大庭景義（景能）は恒武平氏の末裔で、元々源氏譜代の御家人である。市川団十郎家歌舞伎十八番の一つ「暫《しばらく》」のモデルである鎌倉権五郎景政（景正）の曾孫になる。

源義朝に仕えていたおり保元の乱に従軍し、鎮西八幡太郎為朝の矢が足に当たり負傷し、その後懐島《ふところじま》（茅ヶ崎市円蔵）で暮らす。為朝の矢に当たって生き残ったものは景義一人と言われていた。頼朝の側近の一人として生涯頼朝を支えてきた人物で、頼朝から懐島《ふところじま》の地七千坪と左三ツ巴紋を下附された。

浄土真宗本願寺派（西）山口県山口市松林山端坊《はしのぼう》と、萩市松林山端坊の二ヶ寺は共に景政、景義の末裔《まつえい》の開基の寺院であった縁により、『吾妻鏡』に再々名前が登場する大庭景義を取り上げることにしたのである。令和四年七十五歳で往生した夫は萩松林山端坊を出自とする。

浄土真宗の開祖の親鸞《しんらん》やその妻恵信尼《えしんに》に関係がある宇都宮朝綱、寒河尼《さむかわのあま》（寒川尼）その夫小山政光、結城朝光、恵信尼の養父八田知家、父の従兄の三善康信、康清兄弟、そして親鸞の曾孫の覚如によって記された『本願寺聖人親鸞伝絵《ほんがんじのしょうにんしんらんでんね》』の信行両座《しんぎょうりょうざ》の場面に描かれている熊谷次郎直実らの人々が『吾妻鏡』に逐一登場しているが、すべてを引用することが出来なかったのが残念である。また親鸞の父と同じ有範《ありのり》の名が『玉葉』や『吾妻鏡』の文中に、しばしば出てくるので、当人かどうか定かではないが、参考のために一部拾い上げてみることにした。出典は『現代語訳吾妻鏡』1～8巻（五味文彦・本郷和人編、吉川弘文館）によるものである。

この大庭姓は、北部九州にも多く分布している。参考になれば幸甚である。

奇しくも、令和五年七月の博多区櫛田神社境内の飾り山笠《やまかさ》では、表題に歌舞伎十八番「暫」が取り上げられ、令和五年九月博多座では市川海老蔵改め十三代市川團十郎白猿襲名披露の公演があり、夜の部には景政がモデルの「暫」が演じられるという、景政にとって記念すべき年となった。

また、『吾妻鏡』では陰暦で一ヶ月の日数が二十九日の月を小とし、三十日まである月を大とする。大小の記述がない月日の記載は『吾妻鏡』以外から引用されたもの、あるいは筆者の記述とする。

『吾妻鏡』に見る大庭景義

一一八〇（治承四）年

藤原定家は、十九歳のこの年から七十四歳の一二三五（嘉禎元）年までの約五十五年間という長い間に及ぶ日誌『明月記』を綴り始める。定家は歌人で九条兼実の下司《げし》をして、一二四〇（仁治二）年八十歳で寂した人物である。

　この年安徳帝わずか三歳で即位、高倉天皇は上皇となる。

四月九日

　後白河天皇の第三皇子以仁王《もちひとおう》は、平家討伐の令旨を下す。しかし挙兵の計画は密告により露見し、五月十五日平家は以仁王を臣籍降下させて、土佐国への配流を決定する。以仁王は圓城寺へ逃げ込み、源頼政は以仁王と合流して宇治橋で平家軍と戦い、頼政とその嫡男の仲綱始め一族は自害や戦死を遂げた。以仁王も討ち取られ、その首実検に以仁王の学問の師であった日野宗業《ひのむねなり》が呼ばれて、以仁王であることを確認した。宗業は浄土真宗の開祖親鸞の父有範の兄にあたる。

　頼政は歌人二条院讃岐の父であるが、この讃岐は九条兼実の女房で、後に兼実の長男十八歳良通と兼実の家女房との間に生まれた女の子を養育した人物である。また、頼政の玄孫である宗重が、一二一九（承久元）年、同族の源頼茂（頼政の孫）が後鳥羽上皇によって討たれると宗重も処刑される所となり、たまたま通りかかった親鸞によって出家することを条件に助命された縁により、親鸞の弟子となり常陸《ひたち》の下妻《しもつま》に住し「下妻の蓮位」と名乗ったとされている。以来深く感謝して親鸞の東国での伝道に随徒した。その「下妻」が転じて「下間《しもつま》」となり下間氏は代々本願寺の執事を務めることとなった。

五月二十日

　一説によるとこの年、親鸞の母吉光女《きっこうにょ》が没した。親鸞八歳の時のことであった（『大谷嫡流實記』）。この母吉光女は、『本願寺史』では「宗祖（親鸞）の母は吉光女（貴光女）であるという伝承がある。しかしこの名前は『本願寺聖人親鸞伝絵《ほんがんじのしょうにんしんらんでんね》』を始め古い資料には見出されず、母の実名は未詳である。経歴なども分らない」と覚如《かくにょ》の子存覚《ぞんがく》により伝えられている。『親鸞聖人正明伝』によれば、「母は源氏八幡太郎義家の孫女貴光女と申す、八歳五月の末の頃、御母堂かくれたまえり、いまだ四十に足らぬ御年にて侍き」とある。義家の孫女と記しているが、『親鸞は頼朝の甥』には吉光女の父は義家の次男義親の孫義朝で、その義朝と修理大夫中原範兼の娘との間に生まれたのが吉光女であるとし、朝長とは同母で頼朝とは異母姉としている。

六月

この月、平清盛、福原に行宮《あんぐう》を置き遷都するが、十一月には源氏の挙兵もあり京へ還幸することとなった。

六月小十九日、庚子《かのえね》。

散位《さんに》（三善）康信の使者が北条に到着した。武衛《ぶえい》（源頼朝）は人目のないところで対面された。使者は次のような康信の考えを申し上げた。「先月二十六日に高倉宮（以仁王《もちひと》）が討ち死にされた後、以仁王の令旨《りょうじ》を受けた源氏は、すべて追討せよという命令が出されています。あなた様は源氏の正統ですから、特に御注意が必要です。早く奥州の方にお逃げ下さい」。この康信の母は、頼朝の乳母《めのと》の妹である。その縁により康信の志は完全に源家にあり、さまざまな障害をかいくぐり、十日に一度、毎月三回使者を送って、洛中の情勢を伝えてきていた。そして今、源氏を追討する命令が出されたという重大事なので、弟の（三善）康清と相談し、病気と称して朝廷への出仕を休ませ、使者として遣わしたという。

康信は親鸞の妻恵信尼のまたいとこになり、恵信尼の祖父と康信の祖父が兄弟である。

八月十三日

ついに源頼朝は伊豆で平家打倒の決意をし、兵を挙げる。その兵四十三人の中に大庭平太景義がいた。弟の大庭景親は平氏に命を助けられた縁があり源氏だったが、その恩に報いるため、平家方として弟俣野景久と共に戦った。

八月二十四日

大庭景親は兵を率いて頼朝方と戦い、頼朝が山中に逃げ込み洞穴に潜んでいた所を平家方の梶原景時に発見されるが、景時は頼朝を見逃してその場を立ち去る。これにより危く難を逃れて頼朝の命は助かったのである。

梶原景時は大庭氏と同族で、平治の乱の時には頼朝の父義朝についていたが、義朝が敗死した後は、平家に従っていた。

この戦いで平家軍として戦っていた熊谷次郎直実家の伝承では、頼朝は直実の発案で、栗の木の洞の中に隠れていた。梶原景時を見つけた直実は、その源氏参向の意思を知っていて、その場で景時を説き伏せる。後続が差し掛かって怪しんだ時、寓生《ほや》（やどり木）がかかる栗の木の洞を鳩（八幡神の化身）が飛び交い、洞の中が無人であることの証となった。この行為が直実、景時が頼朝から重く用いられる機縁となり、直実は頼朝から「鳩に寓生」を家の紋として用いることを許された（『熊谷直実中世武士の生き方』）。

十月小二日、辛巳《かのとみ》。

（前文略）今日、頼朝の乳母《めのと》である故八田《はった》武者宗綱の息女（小山《おやま》下野大掾《だいじょう》政光の妻で、寒河尼《さむかわのあま》と号する）が、特にかわいがっている末子を連れて隅田宿に参上した。（頼朝は）すぐに御前に召し、昔の事についてお話になった。寒河尼は連れてきた子息を頼朝の側近として奉公させたい、と望んだ。

そこで頼朝はこの子息を召して自ら元服をさせ、御自分の烏帽子《えぼし》を取ってお与えになった。この若者は小山七郎宗朝と名乗った（後に朝光と改めた）。今年十四歳であるという。

『吾妻鏡』には寒河尼となっているので寒河尼と記すが、一般的には寒川尼となっている。

高下恵著の『親鸞聖人御旧跡巡拝誌』の中に「『結城家譜』では、朝光は頼朝の長男で、寒川局の娘の子だという。政子の子頼家、実朝は将軍家をつぎ、朝光は結城に移ったという」とあるが、頼朝が烏帽子親になったということは、第二の親であり後見人を意味するので、実子ではないのではないかと考えられる。もし、実子であれば後継者の妨げとなりうるので殺されているか、実朝の後の鎌倉殿にかつぎ出されているかである。しかし『吾妻鏡』では、実子ではないと考えられる場十月小九日、戊子《つちのえね》。

十月十一日、庚寅《かのえとら》。

十月小十二日、辛卯《かのえう》。快晴。

十月小十五日、甲午《きのえうま》。

十月小十七日、丙申《ひのえさる》。

十月小二十三日、壬寅《みずのえとら》。

面がその後も出てくるので注目したい。

大庭平太景義が担当して、（頼朝の）御邸宅の工事が始められた。ただし期日に間に合わせるのは難しいので、とりあえず知家事《ちけじ》兼道《かねみち》の山内《やまのうち》の家を点じて、その建物を移築される事にした。

卯《う》の刻に御台所《みだいどころ》（政子）が鎌倉に入られ、（大庭《おおば》）景義がお迎え申した。昨夜伊豆《いず》国阿岐戸《あきど》郷からすでに到着されていたものの、日柄が悪かったため、稲瀬《いなせ》川辺の民家にお泊まりになっていたのだという。

（頼朝は）寅《とら》の刻に先祖を崇《あが》めるために、小林郷の北山に宮廟を構え、鶴岡八幡宮をこの場所に移し奉られた。専光坊（良暹《りょうせん》）をしばらく八幡宮寺の別当《べっとう》とし、（大庭《おおば》）景義がその他の諸事を執り行う事にした。

武衛《ぶえい》（源頼朝）が初めて鎌倉の御邸宅にお入りになった。この御邸宅は（大庭《おおば》）景義が修理を担当していたところである。

（頼朝が）波多野右馬允《うまのじょう》義常を誅伐《ちゅうばつ》するために軍士を遣わされたところ、義常はこの事を聞き、討手である下河辺《しもこうべ》庄司行平らが到着する前に、松田郷で自害した。義常の子息である（波多野）有常は（大庭《おおば》）景義のもとにいて、この災いから逃れた。義常の姨母《おば》は中宮大夫進《ちゅうぐうのたゆうのしん》（源）朝長の母〔その子は典膳大夫（中原）久経〕である。そのため父の義通は妹の関係で初めは左典厩《さてんきゅう》（源義朝）に仕えたが不和になり、去る保元三年春の頃に突然京都を去って、波多野郷に住んでいたという。

相模《さがみ》の国府にお着きになり、初めて勲功に対する恩賞を行われた。北条殿（時政）・（武田）信義・（安田）義定・（千葉）常胤・（三浦）義澄・（上総《かずさ》）広常・（和田）義盛・（土肥《どひ》）実平・（安達）盛長・（土屋）宗遠・（岡崎）義実・（狩野）親光・（佐々木）定綱・（佐々木）経高・（佐々木）盛綱・(佐々木)高綱・(工藤)景光・(天野)遠景・(大庭《おおば》)景義・(工藤)祐茂・(市河)行房・(加藤)景員入道・(宇佐美)実政・(大見)家秀・(飯田《いいだ》)家義以下の者は、本領を安堵《あんど》されたり、新恩を給与されたりした。また(三浦)義澄は三浦介に、(下河辺《しもこうべ》)行平は元の通り下河辺庄司となるように命じられたという。大庭三郎景親はついに捕われの人となり相模の国府にやってきた。そこで、上総権介広常をお呼びになり、身柄をお預けになった。長尾新五為宗は岡崎四郎義実に、同新六郎定景は義澄にそれぞれお預けになった。河村三郎義秀は、河村郷を収公され、景義に預けられた。

十月小二十六日、乙巳《きのとみ》。

大庭《おおば》平太景義が身柄を預かっている囚人《しゅうじん》河村三郎義秀の斬罪を行うよう、命じられたという。今日、固瀬《かたせ》河の辺りで(大庭)景親の首が討たれてさらされた。弟(俣野《またの》)五郎景久は、なお平家に味方しようという志があったので、密かに上洛したという。

十一月大八日、丙辰《ひのえたつ》。

(前文略)今日、武衛《ぶえい》(頼朝)は鎌倉に向かわれた。その途中にある小栗《おぐり》十郎重成の小栗御厨《みくりや》の八田《はつた》の館にお入りになったという。

この地は現在の茨城県筑西市八田で、後に常陸の守護八田知家はこの地を領して家名とした。八田知家は親鸞の妻恵信尼が九歳の頃に養父となっている人物である。

十一月大二十日、戊辰《つちのえたつ》。

大庭《おおば》平太景義が(波多野)右馬允《うまのじょう》義常の子息を連れて参上し、御厚情による赦免を望んだ。しかし景義の外甥であるので、しばらく(景義に)預け置くと命じられた。義常の遺領の内の松田郷は景義が拝領したという(現神奈川県足柄上郡松田町)。

十二月小十二日、庚寅《かのえとら》。

晴れて風は静かであった。亥《い》の刻に前武衛《さきのぶえい》(源頼朝)が新造の御邸へ移られる儀式があった。(大庭《おおば》)景義を担当として去る十月に工事始めがあり、大倉郷に作られたのである。定刻に(頼朝は)上総権介《かずさのごんのすけ》広常の宅を出発されて、新邸にお入りになった。(頼朝は)水干《すいかん》を着て、馬(石和《いさわ》の栗毛」にお乗りになった。

御所は相模の武士大庭景義が奉行となり十月から造られていた。

頼朝は御所の寝殿に入ると三百十一人の御家人や伴に「鎌倉の主」として推戴《すいたい》された。

十二月二十八日

この日、平重衡《しげひら》によって、東大寺や藤原氏の氏寺である興福寺の五重塔、南円堂、北円堂、他の諸堂や仏像がすべて焼払われた。この後に運慶その父の康慶が率いる慶派仏師により、復興造仏された。

北円堂には、浄土真宗七祖の内の第二祖天親《てんじん》菩薩（世親菩薩）と大乗仏教に招き入れたその兄である無著《むじゃく》菩薩が安置されている。天親菩薩が著した『浄土論』は後に続く浄土教の僧侶たちに多大な影響を与えたのである。

一一八一（治承五）年

この年の春、親鸞（親鸞という名は三十五歳の越後流罪頃より用いるが、便宜上使用した）九歳、伯父章綱（範綱だがこの頃は『吾妻鏡』によると章綱となっている）が猶父《ゆうふ》となって付添い、九条兼実の弟道快《どうかい》（慈円）を得度の師として出家し、範宴《はんえん》と名乗る。道快に「夜になったので得度は明日にしましょう」と言われて、幼少の親鸞は「明日ありと思う心のあだ桜夜半に嵐の吹かぬものかは」と歌を詠まれたと伝わっている。

この時代は和歌の手習をもの心ついた時から始めているのである。

慈円は和歌の達人であり、風雅人であり、請われて四度も天台座主になった人物で、歴代の天皇やその時代時代の人物、出来事を克明に記した『愚管抄』を残している。

親鸞の出家の理由については、一切わからないがいくつか説がある。

『本願寺聖人親鸞伝絵』には「興法《こうぼう》の因《いん》うちにきざし、利生《りしょう》の縁《えん》ほかに催《もよお》しによりて」とあり、梅原猛氏の『親鸞「四つの謎」を解く』では、「四歳の時に死んだとされる父が実は隠れ住んでいて、範綱に早く出家させてほしいと催促したのではないか」とある。

近年では以仁王のクーデターと有範一家が関係していたからだという説があるが、宗業が以仁王の学問の師であったことが影響したのかもしれない。

『本願寺史』一巻に「正平六歳辛卯十二月十五日、切句差声畢、朱点是也、本者御室戸大進入道上人御親父（有範）御中陰之時、兼有律師被㆓加点㆒之由、往年承置之間、所㆑写㆑之也、外題者上人御筆也、少々不慮（カ）事筆雖㆑有㆑之、併任㆑本畢、先卒爾写㆑之、後日加㆓料簡㆒可点㆓他本㆒者也　存覚」

ここには、一三五一（正平六・観応二）年に本願寺三代覚如宗王の長男存覚が『仏説大無量寿経』を書写したが、そのもとの本は、有範の中陰の際に、宗祖の弟である兼有《けんう》律師が加点した旨が記されている。つまり、宗祖親鸞の弟は父が没した時点で加点ができる年齢に達しており、したがって宗祖の幼少期に父有範が亡くなったとは認められないことになるとある。

また、一一八〇年四月には大竜巻が発生し、京の家屋は大小に限らず想像を絶する被害が出た。一一八一年には大飢饉が発生、大量の餓死者が出た。このように災害が多く、歴史的に見ても時代の変化が特に著しく、一一八〇（治承四）年十月の比叡の延暦寺衆徒の蜂起、この年十一月には福原から京への遷都、それに伴う平氏の源氏方への捜査と殺戮がくり返されていた。当時の京都は源平争乱のさなかで、親鸞の母吉光女は頼朝の腹違いの姉であったのであれば、平氏は源氏という源氏のものを見つけ次第に殺していたので、出家でもしなければ生きて行けなかったのかもしれない。

範綱については『大谷嫡流實記』によると「経尹《つねまさ》男、號六條、従三位、前若狭守、後白河上皇の近臣、親鸞聖人の御養父に立つ。實伯父なり、養和元年三月十五日青蓮院の御内室において御年九歳にして御得度、範宴、號少納言ノ公、山門六十二代目の座主慈圓大僧正」とある。

範綱は親鸞の伯父であり、兵庫頭若狭守であった。後白河院の近臣で鹿ヶ谷事件にも関わり、院の死亡に伴い出家する。法名観真《かんしん》。

この年親鸞の伯父日野宗業は文章生《もんじょうしょう》となる。『大谷嫡流實記』では、「宗業は、経尹次男、従三位式部大輔、號嵯峨、後鳥羽・土御門の二帝に仕へて四霈の随一なり」とある。

正月大一日、戊申《つちのえさる》。

卯《う》の刻に前武衛《さきのぶえい》（源頼朝）が鶴岡若宮《つるがおかわかみや》へお参りになった。日の吉凶にかかわらず、一日を鶴岡若宮への奉幣《ほうべい》の日とお決めになったという。三浦介《みうらのすけ》義澄・畠山次郎重忠・大庭《おおば》平太景義等が郎従を率いて、昨日の夜半以後、辻々を固めて警備した。お出ましは御騎馬で、拝殿にお着きになった。

閏二月大四日、庚戌《かのえいぬ》。

戌《いぬ》の刻、入道平相国《へいしょうこく》（清盛）が九条河原口の（平）盛国の家で亡くなった。

閏二月二十七日

小山朝光十五歳、頼朝より褒美を与えられることを約束された。

小山朝光は、藤原秀郷を祖とする下野《しもつけ》国小山の豪族小山政光と源頼朝の乳母であった寒河尼の間に生まれた子である。寒河尼の妹と結婚したのが、親鸞の妻恵信尼の祖父の兄弟である人物で、三善為光といい、その子は頼朝に仕え初代問注所となった三善康信である。

四月大一日、丙午《ひのえうま》。

前武衛《さきのぶえい》（源頼朝）が鶴岡八幡宮寺へお参りになった。ところが境内には荊《いばら》が生えており、瑞籬《みずがき》は草に隠れてしまっていた。そこで掃除されることになり、大庭《おおば》平太景能が参上して終日掃除の差配をしたという。

大庭景義は頼朝の御家人懐島平権守《たいらごんのかみ》で、これより『吾妻鏡』では大庭景能と出てくる。

五月大十三日、戊子《つちのえね》。

鶴岡若宮の造営のため、材木の事について定められた。土肥《どひ》次郎実平・大庭《おおば》平太景能を奉行とした。当宮は、去年仮りに建立《こんりゅう》したとはいっても、急いでいたため、ひとまず松の柱、萱《かや》の軒を用いたのである。そこで立派な造りとなし、専《もっぱ》ら神威を飾られるようにするとのことである。

五月大二十四日、己亥《つちのとい》。

小御所・御厩等の地を選定した。（大庭《おおば》）景能・（梶原）景時・（一品房）昌寛等がこれを奉行した。御家人等がそれぞれ人夫を召し進めた。

七月大八日、壬午《みずのえうま》。

浅草の大工が参上したので、鶴岡若宮の造営が始められた。まず御神体を仮殿《かりどの》に遷《うつ》し奉《たてまつ》った。

武衛《ぶえい》（源頼朝）が参られた。相模国《さがみ》大庭御厨《おおばのみくりや》の神館《かんだち》の一古《いちこ》娘が召しにより参上し、遷宮《せんぐう》の事を担当した。また（大中臣《おおなかとみ》）輔通・（大庭《おおば》）景能等がこれを取り仕切った。来月十五日に正殿に遷すので、それ以前に造り終えるようにとのことである。

一一八二（養和二）年

この年降水量が極端に少なく農作物の収穫が出来ず、大飢饉となり餓死者が多く出て、土地を捨てる農民も多かった。この様子は鴨長明の『方丈記』に詳しく書かれている。

この年、九条兼実の日誌『玉葉』に「文章生宗業、学文章相兼ね名誉天下に被る」とある。

二月小八日、己酉《つちのとり》。

（頼朝が）御願書を伊勢太神宮に奉納された。大夫属《たゆうのさかん》入道善信（三善康信）が草案を献上した。これは四海泰平・万民豊楽のためという。（度会《わたらい》）光倫は、衣冠を着て御所に参り、これを賜るとすぐに出発した。中四郎《ちゅうしろう》（中原）維重が副《そ》えられた。長江太郎義景が神宝献上の担当者として同じく出発した。義景は、先祖の権五郎（鎌倉）景政が一段の信心によって去る永久五年十月二十三日に私領の相模国《さがみ》大庭御厨《おおばのみくりや》を神宮に寄進しており、その三代の孫である義景が最も神の思し召しに叶うであろうと、御審議を経て選ばれたという。

鎌倉権五郎景政が切り開いた土地である大庭御厨《みくりや》を伊勢神宮に寄進したが、頼朝はしばしば巻狩をこの地でしている。

四月小二十四日、甲子《きのえね》。

鶴岡若宮の近くの弦巻《つるまき》田という水田三町余について、耕作を止めて池に改修された。専光房（良《りよう》暹《せん》）・（大庭《おおば》）景義等が担当した。

この鶴岡八幡宮の池は、源氏の池、平家の池と二つあり、その中間あたりに源平池碑が昭和十二年三月に鎌倉町青年団によって建立された。

その碑文には「嘉永元年（紀元千八百四十二年）四月　源頼朝ノ命ニヨリ専光坊並ニ大庭平太景義等奉行シテ境内ニ池ヲ掘リシコト東鑑ニ見ユ　一説ニ夫人政子源家ノ興隆ヲ祈請シテ此ノ地ニ池

ヲ営作セシメ東池ニ白蓮西池ニ紅蓮ヲ植エ　源平ノ旗色ヲ表ハシタリト傳ヘラレ源平池ノ名アリ」

この年親鸞の妻恵信尼誕生、恵信尼の実家三善家は代々算博士であり越後介を務めた。

八月大十二日、庚戌《かのえいぬ》。晴。

酉《とり》の刻、御台所《みだいどころ》（政子）が男子（源頼家）を無事に出産した。御験者《げんじゃ》の僧は専光房阿闍梨《あじゃり》良《りょう》暹《せん》・大法師観修、鳴弦役《めいげんやく》は師岳《もろおか》（師岡）兵衛尉《ひょうえのじょう》重経・大庭《おおば》平太景義・多々良《たたら》権守《ごんのかみ》貞義であった。上総権介《かずさのごんのすけ》広常が引目役《ひきめやく》であった。戌《いぬ》の刻、比企《ひき》尼の娘で河越《かわごえ》太郎重頼の妻が召されて参入し、御乳付《ちづけ》を行った。

八月大十三日、辛亥《かのとい》。

若公《わかぎみ》（源頼家）誕生のため、（頼朝は）代々の吉例に従い、御家人等に命じて御護刀《まもりがたな》を召された。すなわち、宇都宮左衛門尉朝綱・畠山《はたけやま》次郎重忠・土屋兵衛尉義清・和田太郎義盛・梶原平三景時・同源太景季・横山太郎時兼等がこれを献上した。また御家人等が献じた馬は二百余疋《ひき》にのぼり、これらの馬を鶴岡宮・相模《さがみ》国一宮・大庭神館《おおばのかんだち》・三浦十二天・栗浜《くりはま》大明神以下の諸社に奉《たてまつ》られた。父母が健在の若い武士たちを選んで御使とされたという。

九月小二十六日、甲午《きのえうま》。

鶴岡八幡宮寺の西麓に土地を占定して、宮寺別当（円暁）の坊を建てられた。今日、立柱棟上が行われた。大庭《おおば》平太景義が奉行した。武衛《ぶえい》（源頼朝）が臨席したという。

一一八三（寿永二）年

この年『吾妻鏡』記述なし。

七月二十五日

平家は六波羅・西八条の舎屋をすべて焼き払い、六歳の安徳天皇とその母建礼門院を連れて都を落ちた。以後一門は流浪の日々を送ることになる。

この頃平家は、当時大宰少弐を任じられ平清盛の長男である重盛の養女を妻としていた原田種直の招きで、福岡県那珂川市安徳の行在所《あんざいしょ》に落着いていたが、この月太宰府へ到着した。都府楼跡の右隣に安徳天皇行在所跡がある。太宰府では連歌の会もしていたらしく、太宰府天満宮参道の歌碑に平重衡の「住みなれしふるき都の恋しさは神も昔におもひしるらむ」とある。

また一説では、平家一門が太宰府に入った時には、戦乱で焼け落ちていたので、那珂川の原田種直の屋敷に滞在したともいわれている。

『平家物語』に「平家は筑紫に都を定めて内裏造るべしと、公卿詮議ありしかども、都いまだ定まらず（中略）主上は、その頃岩戸少卿原田種直の宿処にぞましましける」とある。

その後、豊後の緒方維義が謀反して攻めてくるので、筑前遠賀郡芦屋の山鹿《やまが》兵藤《ひょうとう》次《じ》秀遠《ひでとお》をたよって行くことになる。安徳天皇は六歳であった。平家の逃方生活は二年にも及ぶのである。

一一八四（寿永三）年

二月七日

一の谷の戦いで源平総力をあげて戦った。義経は三浦十郎義連《よしつら》以下の勇士を率いて鵯越《ひよどりごえ》から攻撃したので、平氏はあわてふためき敗走した。多くの武将は範頼、義経らの軍勢によって討ち取られた。その中の一人に平敦盛がいた。

敦盛は笛の名手であり、この時わずか十七歳の若者であった。一の谷の戦いで敵将を捜していた熊谷次郎直実に呼び止められる。直実は我子と同じ年頃の少年に涙しながら味方の手前やむなく手をかけた。この件が後に直実を出家に導いた一つの因といわれている。またこの出来事は歌舞伎「熊谷陣屋」の題材となっている。

直実は、戦いの後、敦盛の首、篳篥《ひちりき》、巻物に書状をつけて屋島にいる父親の経盛に届けさせた。経盛も感謝の意を書状にしたため使者に届けさせた。

八月大 二十八日、甲申《きのえさる》。

新造の公文所《くもんじょ》に門が立てられた。安芸《あき》介（中原広元）・大夫属《たゆうのさかん》入道（善信、三善康信）・足立右《う》馬允《まのじょう》（遠元）・筑前《ちくぜん》三郎（惟宗《これむね》孝尚）らが参集した。大庭《おおば》平太景能の設営により、これらの人々に酒が振る舞われた。

十月二十九日

親鸞の最初の妻と考えられる玉日《たまひ》が誕生する。良通十八歳の時の子とされる。

『玉葉』に、「今日子の刻（午前〇時の前後二時間）余の家女房大将の子を生む女子」とあり、この日初孫が生まれたことを記述している。
この女子が伏見の西岸寺（当時は法性寺の小御堂）にて二十六歳で亡くなった玉日ではないかと推考する。その頃兼実の次女が翌年の十月三十日に五歳で病死しているので、兼実の実の娘のように育てられたと考えられる。兼実はまだ三十六歳であったので、兼実の娘と伝わっても無理ではないと考えられる。

一一八五（元暦二）年

この年九条兼実関東を扶持する。

二月一日

この日、源範頼、北条義時らが芦屋浦に上陸し、平家方の原田種直の軍と戦った。
芦屋浦は福岡県芦屋の浜のことである。
芦屋には平家と運命を共にした山鹿兵藤次秀遠が山鹿城城主となり、その城は安徳天皇の行在所となった。平家はここから海路、柳ヶ浦（現北九州市市門司区大里）に到り仮御所を造営し「柳の御所」と称され、その一帯は内裏が転じて大里と呼ばれるようになった。しかしそこにも長くは居られず、ついに屋島に行くのである。

二月十九日

義経軍は屋島で平家と戦う。平家は敗退し、彦島に行在所を遷し、三月二十四日の壇ノ浦の戦いまでここに滞在したのである。

三月二十四日

壇ノ浦の戦いが始まる。当初平家方は八百艘、源氏方五百艘であったが、四国の阿波民部大夫の寝返りにより、平家五百艘、源氏八百四十艘といわれる。また三時間毎に潮流が変わり、初め平家方に有利な潮流であったが、後に源氏方に有利な流れとなったことも勝敗の大きな原因であった。
この戦いは軍船千三百艘、軍兵一万人が海峡で戦い、天下分けめの三大戦の一つとなった。戦いは正午頃から午後四時頃まででであったとされている。平氏の敗北が避けられない戦況の中、二位尼は「波の下には極楽浄土と呼ばれる素晴しい都がございます。そこへお連れするのですよ」と、安徳天皇を抱いて入水したが、その後安徳天皇の遺骸は引き上げられたとされる。天皇陵は下関市阿《あ》弥陀寺町《みだいじちょう》の赤間神宮境内にあるが、陵墓参考地として、下関市豊田町、鳥取市国府町、宇土市立岡町、対馬市厳原町等各地に伝承されている。

参考までに、北九州市小倉南区に隠蓑《かくれみの》という地名があり、この地で安徳天皇が崩御されたとして陵墓がある。

またテレビで放映された番組で、植物学者牧野富太郎氏が幼少の頃よく登っていた山、高知県越知町の横倉山の紹介があり、その山の奥に安徳天皇陵が映っていた。伝承によると、壇ノ浦で亡くなった天皇は身代りで、本物の安徳天皇は実はこの横倉山に隠れて住んであったという。

五月二日

壇ノ浦の戦いで安徳天皇の母であり、平清盛の娘である建礼門院徳子も入水するが、源氏に引き上げられ生き延び、三十一歳で出家して大原寂光院に住んだ。

五月四日

頼朝は、平家を破った弟義経が勝手な振る舞いをしているとの梶原景時の書状により、義経を勘当する。

五月五日

壇ノ浦の戦いに参戦していた小山七郎朝光（後に結城と姓を変える）が鎌倉に戻った。

八月大二十七日、丁丑《ひのとうし》。

午《うま》の刻に、御霊社が鳴動《めいどう》した。おびただしく地震のようであった。これは先々に怪異がおきると、（大庭《おおば》）景能が驚いて申してきた。そこで二品《にほん》（源頼朝）が（御霊社に）参拝されたところ、宝殿の左右の扉が壊れていた。この祓《おはら》いのために、御願書一通を奉納された上、巫女《みこ》らそれぞれに藍摺《あいずり》二反の賜物があった。御神楽《かぐら》が行われた後、（頼朝は）帰られたという。

この御霊神社には、大庭景義の先祖、鎌倉権五郎景政が祀られている。

八月二十八日

文治地震の余震が続くなか東大寺大仏の開眼供養があり、五年後には大仏殿が完成し、そのまた五年後には盛大な落慶法要が営まれた。

この東大寺は、一一八〇（治承四）年に平重衡による南都焼打ちの被害にあい焼亡した。それを聞いて右大臣九条兼実は絶句するほどであったと『玉葉』に記されており、兼実は南都の復興に尽力した。

東大寺は「支度第一」と『法然上人行状絵伝』で称されている重源《ちようげん》を大勧進職に任じて募財を行った。歌舞伎演題の「勧進帳」も、この大仏再興の勧進が題材になっている。

また、恵信尼の祖父である三善為信は造東大寺司の次官を務めている。出席した後白河法皇が開眼の筆を入れたことに、九条兼実は『玉葉』に開眼は仏師のすることであるから前例がないと呆れ返ったとある。

十月三日

天王寺の舎利三粒皆以て紛失する（『玉葉』）。

十月三十日

この日、九条兼実の次女（五歳）が亡くなった。兵部少輔能行所養の女子である（『玉葉』）。

この子は九条兼実長女中宮任子《にんし》の妹となる。能業夫婦に養育をまかせていた。よって兼実には二人の娘がいたことになる。

この頃兼実は、次男良経《よしつね》の名の読みが、源義経と同じで悩む。義経追討の宣旨が出る。


十二月大六日、乙卯《きのとう》。

今度（源）行家・（源）義経に同意した侍臣と北面の輩《ともがら》の事について、詳細に関東に報告があった。そこで処罰が行われるように、（頼朝は）処罰の対象者の名簿を折紙《おりがみ》に記して、帥中納言《そちのちゆうなごん》（藤原経房）に遣わされた。その上、特に謀反《むほん》を企んだ八人の身柄を申し請けるよう、北条殿（時政）に仰せを触れられた。その八人というのは、侍従（藤原）良成、伊与《いよ》守（源義経）の右筆《ゆうひつ》である少内記（中原）信康、右馬権頭《うまのごんのかみ》（平）業忠、兵庫頭《ひようごのかみ》（藤原）章綱、大夫判官（平）知康・（藤原）信盛、左衛門尉《さえもんのじよう》（藤原）信実・（藤原）時成らである。また右府（藤原兼実）は関東を支持していたと聞こえており、関東に対する本心が示されたので、一通の書状を献じられたという。（中原）広元・善信（三善康信）・（藤原）俊兼・（藤原）邦通らがこれらのことを差配したという。後白河院に奏上した折紙の内容は以下の通りである。

御沙汰されるべき事。
一、議奏公卿《ぎそうくぎょう》について
右大臣（藤原兼実）〔内覧の宣旨を下すように〕　内大臣（藤原実定）
権大納言（藤原）実房卿《きょう》　（藤原）宗家卿　（藤原）忠親卿
権中納言（藤原）実家卿　（源）通親卿　（藤原）経房卿
参議（藤原）雅長卿　（藤原）兼光卿
以上の公卿は、朝廷の政務を執《と》られるにあたり、まず神祇《じんぎ》に関することに始まって、次に仏道のことに至るまで、（全て）その議奏によって取り計らわれるべきである。

処罰の対象者の名簿の中に、親鸞の伯父（藤原）章綱の名がみえる。後、範綱となる。

藤原実定は徳大寺実定とも称し、親鸞の父有範は実定と中宮忻子《きんし》に仕えていたとされ、その由に有範は皇太后大進《だいしん》と呼ばれていたという。


この年慈円平等院別当となる（『玉葉』）。

この年後白河法皇は大原寂光院に住む建礼門院徳子を訪ねる。壇ノ浦から一年後のことである（『平家物語』）。

この年比叡山の天台座主顕真僧正が、法然を大原の勝林院に招き、当代の仏教学者たちと仏法について論議問答された。のちに「大原問答」と呼ばれる。一日一夜に及び、法然の態度は満座の僧を心服させた。

一一八六（文治二）年

正月小七日、丙戌《ひのえいぬ》。

雨が降る。北条殿（時政）の飛脚が京都から到着した。（頼朝の）御使である雑色《ぞうしき》の鶴二郎らが去年冬の十二月二十六日に入洛して、申し入れた事について、翌二十七日にその決定があった。解《げ》官《かん》・配流《はいる》等は、蔵人《くろうど》宮内権少輔《ごんのしょうゆう》（藤原）親経が宣下《せんげ》し、（検非違使《けびいし》）別当（藤原）家通（が上卿《しょうけい》となり）、藤宰相雅長が除目《じもく》を書いたという。

（中略）

解官

参議平親宗　　左大史小槻隆職《たかもと》

刑部《ぎょうぶ》卿藤頼経　　左衛門少尉藤（平）知康（大夫尉《たゆうのじょう》）

同信盛（検非違使）　　中原信貞

左馬権頭《さまのごんのかみ》平業忠　　兵庫頭《ひょうごのかみ》藤範綱

前年の十二月六日の記事では（藤原）章綱となっているが、この年からようやく範綱という名が『吾妻鏡』に出てくる。

この範綱は源義経と源行家に同意した侍臣と北面の輩の中に入り、特に謀反を企んだ八人の中の一人として解官させられた。

二月二十七日

頼朝、九条兼実を摂政に推挙。三十八歳で氏長者となる。

三月小一日、己卯《つちのとう》。

（前文略）今日、予州（源義経）の妾の静が、（頼朝の）命により京都から鎌倉に到着した。

義経の母常盤《ときわ》は頼朝の父である源義朝の側室になり、今若（阿野全成）、乙若（義円）、牛若（義経）を産んだのである。後に一条長成との間に一条能成や女子を産み、史実としては確認されていないが、後に平清盛に請われて妾となり廊《くるわの》御方を産んだとされる。

六月中旬

太宰府安楽寺別当の人達について、「濫《みだ》りに別当職をほしがるものへの義絶状」（永久六年正月に出されたもの）を再び文に表して任命はどうあるべきかを示した。その義絶状は菅原道真の六代後の人物で菅原在良《ありよし》が書いたものである。

菅原在良の娘は花園左大臣家小大進と呼ばれ、石清水別当光清の妻であり、輔仁親王の子花園左大臣有仁に仕えていた歌人である。この有仁の娘に六条はなぞのと呼ばれた有子がいる。

六条はなぞのは建礼門院に仕え、熱心な法然の信者で、土地建物を法然に寄進した。式子《しきし》内親王は同居していた八条院が病気をした折、その財産目当てに八条院を呪詛したという疑いをかけられ、九条兼実は八条院から式子を引き取ることにしたのではないかと『親鸞は源頼朝の甥』にある。

その場所が五条西洞院花園御所で、内親王が一時的に住み、六条はなぞのが兼実に提供したので「花園御所」と呼ばれる由縁である。後に九条兼実は法然の弟子親鸞と玉日を結婚させてこの別邸に住ませたのかもしれない。

最初から親鸞が三善家の娘恵信尼と結婚していたら、この五条西洞院には縁がなく、三善家に住んでいるはずである。

七月二十九日

逃亡中に義経の子を身籠っていた静は鎌倉で出産した。しかし男の子ゆえ命は助けられず、静の必死の抵抗もむなしく、頼朝の命令により、由比ヶ浜の海中にその生命は捨てられた。

十一月大十二日、乙卯《きのとう》。

若公（源頼家）が鶴岡八幡宮に参詣された。御輿《こし》を用いられ、小山《おやま》五郎宗政・同七郎朝光・千葉平次常秀・三浦平六義村・梶原三郎景茂・同兵衛尉《ひょうえのじょう》景定らが御供をした。（八幡宮の）馬場本《ばばもと》にある仮屋にもどられ、大庭平太景義がお食事を献上したという。

十二月十日

肥前《ひぜん》唐津浜玉鏡《かがみ》社の宮司に、平家に与せず忠義を尽くしたことにより、草野次郎永平が推挙された。

この鏡社は佐賀県唐津市鏡にあり、七四〇（天平十二）年八月に太宰府に一万余の兵を集めて、叛乱を起した広嗣の乱で有名な藤原広嗣が祀られている神社である。

『源氏物語』第二十二帖の玉鬘《たまかずら》はこの神社で育った美しい玉鬘のことで、愛の深さを求婚者が詠んだ「君にもし心たがはば松浦なる鏡の神にかけて誓はむ」の歌碑が境内に建立されている。

因《ちな》みに不比等の孫である藤原の広嗣の姪の乙牟漏《おとむろ》が桓武天皇の妃となり、その間に生まれた葛原《かづらはら》親王の子孫が鎌倉権五郎景正であり、そのひ孫が大庭景義である。

広嗣は『平家物語』に「九州肥前松浦から都へわずか一日で往復できる駿馬を持っていた」とある。
藤原広嗣の子孫は代々唐津浜玉町に住んであり、金丸城が築城されていたが、秀吉の軍勢が陸路で肥前名護屋城へ向かう時に滅ぼして通って行った。

一一八七（文治三）年

この年旧暦二月二十日、九条兼実長男良通二十二歳で急死。兼実十九歳の時の子なり。
この年兼実の長女任子中宮として入内。
この年源義経、美濃国を通り過ごして奥州藤原秀衡の元へ赴く。
頼朝はこの年東大寺造営に動く。
周防国と備前国より材木を調達する。山口県防府市にある東大寺別院阿弥陀寺という寺は一一八〇（治承四）年に焼失した東大寺再建の用材を調達するため、重源によってこの年に建立された。

二月二十七日

親鸞の伯父宗業は「才漢を以て身を立つ。兼実に召される。」と『玉葉』にある。

八月四日

鶴岡八幡宮の放生会の行事に流鏑馬《やぶさめ》があり、射手と的立の役配があった。熊谷次郎直実は的立の役が決まった。しかし、これに直実は不満の心を持ち従わなかったので、後に所領の一部が召し上げられた。

一一八八（文治四）年
四月小三日、己巳《つちのとみ》。

鶴岡八幡宮の臨時祭が行われ、二品《にほん》（源頼朝）が参られた。流鏑馬《やぶさめ》には、もっぱらこれに堪能《かんのう》な者をお召しになった。故波多野右馬允《うまのじょう》義経（義常）の嫡男有経は、先祖に恥じない達者であった。そこで、この日選ばれ、特に抜群の技を披露した。（頼朝は）感心のあまりに一村（亡父（義常）の所領の中で随一という）を与えられた。父の義常が去る治承四年に誅殺《ちゅうさつ》された後、（有経は）囚人として（大庭《おおば》）景能に召し預けられていた。七年を経て、とうとうこの慶事にあったという。

有経は有常ともいう。一一八〇（治承四）年は有常となっている。

十月二十日、壬午《みずのえうま》。

（大庭《おおば》）景能が近頃、鶴岡八幡宮寺の馬場の辺りに小さな建物を建てた。これは宮寺を警護するためである。今日（頼朝の）移徙《わたまし》の儀式があった。その庭には樹木が多く植えられ、それぞれ紅葉が盛りで錦のようであって、非常に趣があると（景能が）申し上げたので、二品《にほん》（源頼朝）がそこにお入りになった。若宮別当（円暁）が参会して御酒宴が開かれ、稚児《ちご》の延年《えんねん》の舞まであったという。

十一月大一日、壬辰《みずのえたつ》。

鶴岡八幡宮の馬場の木が風もないのに倒れた。（大庭《おおば》）景能が事情を申したので、二品《にほん》（源頼朝）が参られて御覧になった。そこで（宮に）神馬・幣物《へいもつ》を奉納して神に謝られたという。

十一月十八日、己酉《つちのととり》。

西風が烈しく吹き、雪が降った。今日の明け方、大庭《おおば》平太景能宅の庭で狐が死んでいたという。怪異ということで閉門したという。

十一月二十七日、丙辰《ひのえたつ》。

（大庭《おおば》）景能の父景宗の墳墓は相模《さがみ》国豊田庄にあった。ところが群盗がやって来て、その塚を掘りあばき、納めてあった重宝等を盗み取り逃げ去った。追跡したもののその行方は知れなかった。この事件の始まりを考えてみると、先ごろ（景能宅の庭で）狐が死んでいたのを見つけた時であったという。人々は不思議に思ったという。

『保元物語』に「大庭の庄司景房の子、相模国住人大庭平太景能、同三郎景親とは我事にて候」と見えるが、もともと大庭御厨はあっても、大庭庄という荘園はなく、大庭は名字である。なお「大庭の庄司景房」と見えるのが景宗であることは、一一八八（文治四）年十一月二十七日条に「景能父景宗墳墓在相模国豊田庄」と記されていることから知れる（『吾妻鏡の方法』）。

一一八九（文治五）年

閏四月三十日

この年八条院にまいり仏舎利八粒を賜う（『玉葉』）。

源義経、藤原泰衡の襲撃により、ついに自害する。

六月大三十日、戊午《つちのえうま》。

大庭《おおば》平太景能は武家の古老として兵法の故実をよく知る者であった。そこで（頼朝は）特に召し出され、奥州征伐のことを相談されて「このことについて後白河院の御意向を伺ったが、今もって勅許《ちょっきょ》が無く、いたずらに御家人を召し集めるばかりとなっている。どうすべきか計らい申してみよ。」と仰せられた。すると景能は即座に申し上げた。「軍陣中では将軍の命令を聞き、天子の詔《みことのり》は聞かない、と申します。すでに奏聞《そうもん》された上は、強いてその返答を待つ必要はございません。そもそも（藤原）泰衡は先祖代々からの御家人の家を受け継ぐ者ですから、綸旨《りんじ》が下されなくとも、処罰されることに何の問題がございましょうか。とりわけ集結している軍勢が日数を費やすことは、かえって諸人の負担となります。速やかに御出兵下さいませ」。その発言に（頼朝は）たいそう感心されたばかりか御厩《うまや》の馬を、鞍を置いてお与えになり、小山《おやま》七郎朝光が（その馬を）庭上に引き立てた。景能は（御所の）縁《えん》に座っており、朝光は縄の先を取って景能の前に投げ渡した。景能は座ったままこれを受け取り、郎従にこれを取らせた。二品《にほん》（源頼朝）が奥にお入りになった後、景能は朝光を招き喜んで、「私は老人である上、保元合戦の時に傷を負ってからは歩くこともままならない。今御馬を拝領したが、庭にまで降りづらかったところ、縄を投げて下さった。その配慮は千金に値する。」と語った。頼朝もまた朝光の行動に感心されたという。

七月小十七日、乙亥《きのとい》。

奥州に下向されることについて、終日審議が行われた。まず「（軍勢を）三手に分けることとする。すなわち、東海道の大将軍千葉介常胤・八田右衛門尉知家は、それぞれ一族らと常陸《ひたち》・下総《しもうさ》両国の勇士らを引き連れ、宇大《うだ》・行方《なめかた》を経由し、岩城《いわき》・岩崎《いわさき》を廻って遇隈《あぶくま》河の湊を渡り、そこで（大手軍と）合流せよ。北陸道の大将軍比企《ひき》藤四郎能員・宇佐美平次実政らは、下道《しもみち》を経て上野国《こうずけのくに》高山《たかやま》・小林《こばやし》・大胡《おおご》・左貫《さぬき》などの住人を動員し、越後《えちご》国から出羽《でわ》国の念種関《ねずがせき》に出て合戦を遂げよ。二品《ほん》（源頼朝）は大手軍として中路より下向される。（その）先陣は畠山次郎重忠とする。」と（頼朝は）召して仰せられた。次に「合戦の謀《はかりごと》に優れていると評判の者の手勢が少ないので、きっと軍功を立てがたいであろう。そこで軍勢を付けるようにせよ。」と定められ、「武蔵《むさし》・上野両国内の党の者らは加藤次景廉・葛西《かさい》三郎清重ら（の指揮）に従って合戦を遂げるように。」と（和田）義盛・（梶原）景時らを通じてよくよく命じられた。次いで「（鎌倉の）御留守のことは、大夫属《たゆうのさかん》入道（善信、三善康信）に仰せ付ける。隼人佑《はやとのすけ》（三善康清）・藤判官代（藤原邦通）・佐々木次郎（経高）・大庭平太（景能）・義勝房（成尋）をはじめとする者たちは待機するように。」ということであった。

大庭景能は、この時親鸞の妻恵信尼の親族である三善康信、康清と共に留守番をしていたことになる。景能の孫景明は親鸞の弟子となり、代々本願寺門主を支えていくのである。このことは後に詳しく記す。

この頃九条兼実は長男良通が急逝した失意の中にあって、文治五年八月一日に法然を請うて、法文類や往生業について談じた。以後法然は毎年恒例の念仏会の戒師を勤めるようになり、兼実の女房にも授戒する等、親交を深めていったと思われる（『浄土宗大辞典』）。

七月小二十五日、癸未《みずのとひつじ》。

二品《にほん》（源頼朝）が下野《しもつけ》国古多橋《こたばし》の駅《うまや》に到着された。まず宇都宮《うつのみや》社に奉幣《ほうべい》され、祈願された。「今回無事に（奥州を）征伐できれば、捕虜一人を神職に進めます」。そして上矢《うわや》を奉納された。その後、宿に入られた。この時、小山《おやま》下野大掾《だいじょう》政光入道が食事を献上した。この間、紺の直垂《ひたたれ》の上下を着た者が（頼朝の）御前に伺候《しこう》していた。そこで政光が「何者でしょうか。」と尋ね申すと、（頼朝は）「彼は本朝無双の勇士の熊谷《くまがい》小次郎直家である。」と仰《おっしゃ》った。（小山）朝光が、「どのような理由で『無双』と称されるのでしょうか。」と申し上げた。（頼朝が）「平氏追討の時、一谷《いちのたに》をはじめとする戦場において、父（直実）と共に命を懸けて戦ったことが度々あったからである。」と仰った。政光は大いに笑って言った。「君のために命を捨てるのは勇士が志すところです。どうして直家に限ることがあるでしょうか。ただしこのような者は、仕える郎従がいないため、直接勲功に励んで、無双の勇士と名をあげたのでしょう。政光のごときは、ただ郎従を派遣して忠を尽くすだけです。そういうことなら今回は、自ら合戦を遂げて無双の称号を賜わるようにしなさい。」と、子息の（小山）朝政・宗政・朝光、そして猶子《ゆうし》の（吉見）頼綱たちに命じた。頼朝は興に入ったという。

十一月小十七日、癸酉《みずのととり》。

雪が降った。巳《み》の刻以後、晴れ。二品《にほん》（源頼朝）は鷹場《たかば》を巡って御覧になるため、大庭《おおば》の辺にお出かけになった。

一一九〇（文治六）年

二月一日

東大寺において法然は、重源の招きにより、二月二日に「浄土三部経」を講釈し「仏説無量寿経釋」「仏説観無量寿経釋」「仏説阿弥陀経釋」として『漢語灯録』に収まっている。

八月小十六日、戊戌《つちのえいぬ》。

（鶴岡放生《ほうじょう》会の）馬場の儀があった。先々は（放生）会の日に流鏑馬《やぶさめ》・競馬があったが、繁多であるため今年初めて二日に分けられた。二品《にほん》（源頼朝）のお出ましは昨日と同じである。ここで流鏑馬の射手一人、二人がその時になって故障が生じ、欠員となってしまった。その時に（大庭《おおば》）景能が申した。「去る治承《じしょう》四年に（大庭）景親に味方した河村三郎義秀が囚人《しゅうじん》として景能に預けられております。（義秀は）弓馬の芸に達者な者です。またあの時の（景親の）与党はほとんどお許しにあずかっております。義秀一人が（囚人の）境遇にあるべきではないでしょう。この際に召し出されてはいかがでしょうか」。（頼朝が）仰《おっしゃ》った。「その男は斬罪にするようにと命令した。今も生存しているのは奇異の事である。しかしながら神事を優先しよう。早く召し進めよ。ただしさして堪能でなければ、重ねて罪科に処す。」そこで義秀を招き、この事を命じたので、（義秀は流鏑馬を）射た。頼朝がその矢を取り寄せて御覧になったところ、矢は十三束、鏑《かぶら》は八寸であった。（頼朝が）仰った。「義秀は弓矢に達者であるため驕《おご》りの心がある。景親に味方したのも、先非《せんぴ》を考えると今更ながら奇怪である。そこでなお三流の作物を射させよう。失敗があればすぐにその罪を問うであろう」。義秀はその芸を披露し、最後まで全く間違いがなかった。これは三尺・手挟《たばさみ》・八的《やつまと》である。見ている者で感心しない者はなかった。頼朝は怒りを解いて深く感心されたという。

九月大三日、甲寅《きのえとら》。

大庭《おおば》平太景能が申した。「河村三郎義秀は今となっては梟首《きょうしゅ》されるべきでしょう」。（頼朝が）仰《おっしゃ》った。「申す内容はまったく心得難い。早くその刑に処すようにと命令したにもかかわらず、景能は潜《ひそ》かにこれを助けて多年を送り、流鏑馬《やぶさめ》の賞によって赦されたのである。今更何の罪に問うことがあろうか」。景能が重ねて申した「（義秀は）日頃は囚人《しゅうじん》でしたので景能の助成によって命をながらえてきました。なまじお許しを蒙った後は、既に餓死しようとしております。現在の状態では、誅されることがかえって彼にとっては喜びとなるでしょう」。その時、二品《にほん》（源頼朝）はたいそう笑われ、「本領の相模《さがみ》国河村《かわむら》郷に戻って住むように命じよう。」と仰った。

十月小三日、甲申《きのえさる》。

（頼朝は鎌倉を）出発された。御供の者のうち主だった者は多く（御所の）南庭に並んでいた。しかし前右衛門尉《さきのうえもんのじょう》（八田）知家が常陸《ひたち》国より遅参してきた。（知家を）お待ちになっているうちに、既に（出発の）時刻を過ぎてしまい、（頼朝は）たいそう御機嫌を損ねられた。午《うま》の刻になって知家が参上し、行縢《むかばき》を着けたまま南庭を経て直に沓解に昇り、そこで行縢を脱いで（頼朝の）御座の側に参った。（頼朝が）仰《おっしゃ》った。「相談するべき事などがあったので、出発をとどめていたところ、遅れてやってくるとは、怠惰《たいだ》である」。知家は病気のためと称し、また申した。「先陣と後陣は誰が承ったのでしょうか。御乗馬は何を用いられるのでしょうか」。（頼朝が）仰った。「先陣の事は（畠山）重忠が承知した。後陣については迷っているところだ。馬は（梶原）景時の（献上した）黒駮《くろぶち》に乗る」。知家が申した。「先陣の事はなるほどそれがよろしいでしょう。後陣は（千葉）常胤が宿老ですので、承るべき者です。まったくお悩みには及ばないでしょう。御乗馬はその駮の馬は逸物ではございますが、御鎧《よろい》には適していません。知家が一頭の細馬を用意しました。（これに）お乗り下さい」。そこで（その馬を）御前に引き出すと、八寸《き》余の黒馬であった。（頼朝は）たいそう気に入られた。ただし「入洛する日に乗ることにしよう。道中はまず試みに景時の駮を用いよう。」と仰った。また常胤を呼び寄せて、「六郎大夫（東）胤頼・平次（千葉）常秀らを伴い最後尾に供奉せよ。」と命じられた。その後、出発された。冬空がほどなく黄昏《たそがれ》になってきたので、相模《さがみ》国の懐島《ふところじま》に宿泊された。（その時）後陣の者は未だ鎌倉を出ていなかったという。大庭《おおば》平太景能が

一一九一（建久二）年

御食事を用意した。

この年恵信尼九歳、この頃八田知家の養女となる。八田知家は頼朝の使いとして度々上洛して九条兼実と会っていた。恵信尼は九条兼実の娘任子と玉日に「ちくぜん」の女房名で仕えたと考えられる。

熊谷直実は「熊谷家文書」として伝わる熊谷直実の譲状に「建久弐年参月一日　地頭僧蓮生（花押）」とあり、これまでに出家、出奔したとされる。

『吾妻鏡』建久三年十一月二十五日条に先行しているので為文書の可能性が高いとされたが、近年、花押が本物であること、字が直実の自筆であることが判明した。

よって『吾妻鏡』の記述の方がなんらかの作為が含まれていることになった。

八月大一日、丁丑。

雨が降り、終日止まなかった。今日、大庭平太景能が新造の（頼朝の）御亭で盃酒を献上した。その様子は特に美を極めたものではなく、瓜や鱸などが肴であった。足利上総介（義兼）・千葉介（常胤）・小山左衛門尉（朝政）・三浦介（義澄）・畠山二郎（重忠）・八田右衛門尉（知家）・工藤庄司（景光）・土屋三郎（宗遠）・梶原平三（景時）・同刑部丞（朝景）・比企右衛門尉（能員）・岡崎四郎（義実）・佐々木三郎（盛綱）らがその座に祗候した。勧盃の間、（頼朝の）仰せによりそれぞれが昔のことを語り申した。中でも縮めて用いるべきは弓矢の長さである。景能は保元合戦の事を語って申した。「勇士が意を用いるべきものは武具である。鎮西八郎（源為朝）は我が国無双の弓矢の達者である。しかし弓矢の寸法を考えてみると、その身の丈には過ぎたようだ。大炊御門河原で、景能が八男（為朝）の弓手に遭遇すると、為朝は弓を引こうとした。景能は密かに思った。「貴客（為朝）は鎮西から来られたので、騎馬の時には弓を多少とも自由に扱えないであろう。景能は東国でよく馬に馴れている』。そこで為朝の妻手に廻った時、（景能の）思惑が異なり、弓の下部を（馬の首を）越えさせることとなり、（為朝の）身に当たるはずの矢は膝にあたった。この故実を知らなかったならば、たちまちに命を失ったであろう。勇士はひたすら騎馬に達者であるべきである。壮士らは耳底に止めておくように。老人の言うことだからといって嘲弄してはならない」。（千葉）常胤をはじめ座にあったものは皆、感心した。また（頼朝からも）感心したとの仰せを受けたという。

妻手《めて》は右手のことである。

鎮西八郎為朝は、頼朝や義経の叔父にあたり弓の名手であったが、大男で気性が荒いので九州にやられ、その際に福岡県田川郡香春《かわら》町に鎌倉の鶴岡八幡宮を勧請している。現在為朝の屋敷跡がある。

十二月十七日

九条兼実四十二歳関白に任じられる。

一一九二（建久三）年

この年親鸞二十歳、慈円の弟子になって約十年が経っていた。

兼実の子供良恵、孫の道家、立子（順徳天皇の中宮、仲恭天皇の母）生まれる（『玉葉』）。

この年一月、親鸞の伯父宗業大内記へ、七月には講師となる（『玉葉』）。

この年八月八日、兼実は『玉葉』に「午刻、請㆓源空上人㆒受戒、即始㆓念仏㆒」と記し、源空（法然）を請じて授戒を受けたのち念仏を始めた。

三月小二十六日、戊戌《つちのえいぬ》。

（後白河院の）十四日目の御仏事が行われた。導師は安楽房（重慶）であった。院の崩御《ほうぎょ》の時のことが、今日詳しく関東に披露されたという。亡くなられる時、女房二位局《にいのつぼね》（高階栄子）が出家し、戒師は本成房（湛斅）であった。若狭《わかさ》守（藤原）範綱・主殿頭（源）光遠は、（院が）亡くなられてから出家した。御没後のことは民部卿《みぶのきょう》（藤原）経房、（院庁の）別当《べっとう》の右中弁（平）棟範朝臣《あそん》、判官代《ほうがんだい》の右少弁（藤原）資実が奉行した。崩御当日のうちに入棺され、澄憲僧正と静賢法印とがこの役を勤めた。（藤原）成範卿《きょう》の息子の中将《ちゅうじょう》（藤原）基範、中将（藤原）親能、二品局《にほんのつぼね》（栄子）の息子の少将《しょうしょう》（藤原）教成、少将（藤原）忠行、故（源）資賢大納言の子息である右馬頭《うまのかみ》（源）資時入道、大膳大夫《だいぶ》（平）業忠、若州《じゃくしゅう》範綱入道、周防《すおう》守（藤原）能盛入道らも、また入棺の役に従った。同十五日に法住寺の法華堂に葬られた。重日であったが、遺言に従ったのである。およそこのような諸事はご生前に定め置かれていたという。

後白河院の葬儀に際して「範綱は素服（白い喪服）を賜ったと『玉葉』に記されている」（『親鸞は頼朝の甥』）。

十一月二十五日

熊谷次郎直実と久下《くげ》権守直光がそれぞれの所領の境界をめぐって頼朝の御前にて弁じたが、直実はうまく御下問に対し答えることが出来なかった。それで途中で髻《もとどり》を切って飛び出して行き、行方は知れなかった。この年五月頼朝、富士の巻狩を行う。

一一九三（建久四）年

「熊谷家文書」によれば、すでに出家して法名を蓮生と名乗った熊谷次郎直実は、法然に後生をたずねたところ、「罪の軽重をいはず、たゞ念仏だにも申せば往生するなり。別の様なし」と聞くと号泣し、すぐさま弟子となり法力房蓮生と号した。蓮生は篤信の念仏者となり、法然の誕生地（美作《みまさか》国久米南条稲岡庄、現岡山県久米南町）に誕生寺を建立し、京都に建久八年熊谷山《ゆうこくさん》法然寺（嵐山）を建立、九年に西山に御堂を建立し法然を開山として蓮生は二世となり、西山浄土宗総本山光明寺（粟生《あお》光明寺）として今日に至っている。

蓮生は阿弥陀如来がいます西方浄土の方角に決して背を向けることがなかった。京より東国へ帰る時は、前後反対向きに馬に乗って東に向かった話は、蓮生の徹底した浄土崇拝を語る逸話となって、後世に語り継がれている（『熊谷直実中世武士の生き方』）。

五月大一日、丙寅《ひのえとら》。

常陸《ひたち》国の鹿島社は、二十年に一度、必ず造り替えて遷宮を行ってきており、去る安元二年に造り終えてから、去年で二十年に満ちた。しかし多気《たけ》太郎義幹以下の社領を知行している人々の怠慢により、造営がたいそう遅れ、将軍家（源頼朝）は特に驚き歎かれた。そこで造営奉行の伊佐為宗・小栗重成らに対する（頼朝の）御気色《けしき》はたいそう悪く、八田右衛門尉《はったうえもんのじょう》知家を遣わして、来る七月十日の祭以前に早く造営工事を終えるよう、よくよく命じられたという。

鹿島社の祭神武甕槌大神《たけみかづちおおかみ》は奈良に白鹿に乗ってやってきたとされ春日大社主祭神の四柱の一体である。第一殿に祀られ第三殿の天児屋根《あまつこやね》の命《みこと》は藤原氏《ふじわらうじ》の祖神で、本願寺三代覚如が著した親鸞の伝記『本願寺聖人親鸞伝絵』には「それ聖人《しょうにん》（親鸞）の俗姓《ぞくしょう》は藤原氏《ふじわらうじ》、天児屋根尊《あまつこやねのみこと》、二十一世《にじゅういっせ》の苗裔《びょうえい》、大職冠鎌子内大臣《たいしょつかんかまこのないだいじん》の玄孫《げんそん》、近衛大将《このえのたいしょう》右大臣《うだいじん》　贈左大臣《ぞうさだいじん》　従一位《じゅいちい》内麿公《うちまろこう》　後長岡大臣《ごながおかのだいじん》と号《ごう》し、あるいは閑院大臣《かんいんのだいじん》と号《ごう》す。贈正一位太政大臣《ぞうしょういちいだいじょうだいじん》房前公孫《ふさざきこうのまご》、大納言式部卿《だいなごんしきぶきょう》真楯息《またてのそく》なり　六代《ろくだい》の後胤《こういん》、弼宰相有国卿《ひつのさいしょうありくにのきょう》五代《ごだい》の孫《まご》、皇太后宮大進有範《こうたいごうぐうのだいしんありのり》の子《こ》なり」と記している。

因みに親鸞の弟子二十四輩の筆頭格性信《しょうしん》は俗姓を大中臣《おおなかとみ》基久といい、鹿島神宮の宮司大中臣宗基の息男で、京都の法然の門下に入ったが、法然は親鸞に教化してもらうように命じ、親鸞の教えを受けたとされる。

また、流罪赦免後の親鸞を関東に招いた人物ともいわれ、その遺跡は常総市の横曽根《よこそね》報恩寺であるが、一六〇〇（慶長五）年に火災により江戸浅草に移り坂東報恩寺と称される。その約二百年後の一八二八（文化三）年に横曽根報恩寺も再建された。

現在、坂東本（東本願寺本）といわれる親鸞真筆の『顕浄土真実教行証文類《けんじょうどしんじつきょうぎょうしょうもんるい》』（『教行信証』）は元来その寺に所蔵されていたもので、その奥書には性信の名が記されている。

藤原氏の春日大社とその末裔の親鸞、そして鹿島神宮の宮司の子息の性信、その関係には興味がもたれる。さらに藤原氏の氏寺は興福寺であるが、皮肉なことに親鸞はその興福寺の訴えにより、一二〇七（承元元）年、越後に流罪となる（承元の法難）。

五月二十八日

この日、曽我兄弟の仇討があった。この仇討ちは、赤穂浪士の討ち入りと伊賀越えの仇討ちに並んで、日本三大仇討ちの一つとして後世に残った。能や幸若舞、歌舞伎の演目で知られる。

八月小二十四日、戊午《つちのえうま》。

大庭平太景義・岡崎四郎義実が出家した。とりたてて思うところがあったわけではないが、それぞれ年老いたのでお許しをうけて出家を果たしたという。

一一九四（建久五）年
七月小二十日、己卯《つちのとう》。

将軍家（源頼朝）が御鎧・御剣・弓矢などを鎮西の鏡《かがみ》社に奉られた。鏡社の大宮司草野大夫永平が訴訟のために代官を（鎌倉に）派遣してきているので、今日大蔵丞（武藤）頼平を奉行として（代官に）受け取らせたという。

十二月大二日、戊午《つちのえうま》。

御願の寺社に奉行人を定め置かれていたが、今日重ねて審議があり、人数を増やされた。

鶴岡八幡宮〔上下〕

大庭《おおば》平太景能　藤九郎（安達）盛長　右京進（中原）季時　図書允《ずしょのじょう》（清原）清定

（以下略）

十二月大十九日、乙亥《きのとい》。

東大寺別当前権僧正勝賢が（鎌倉に）下向してきた。八田《はった》右衛門尉《うえもんのじょう》知家の宅に招き入れられたという。

一一九五（建久六）年
二月小九日、乙丑《きのとうし》。

大庭平太景能入道が申文《もうしぶみ》を捧げた。これには「義兵を挙げた最初から大功を尽くしてきたところ、疑いを受け鎌倉中から追放された後、悲しみと憂えを抱いたままですでに三年になります。今や余命はなく後年のことは望みがたいので、早くお赦しに預かり、このたびの（頼朝の）御上洛の供奉《ぐぶ》の人数に加わり、老後の誉れとしたいと思います。」と記されていた。そこで許されたが、そればかりか供奉するようにという仰せにも預かったという。

三月十日

東大寺大仏殿再建落慶供養に参拝するため頼朝はその前々日に東大寺に入った。その時の行列は、頼朝の前に随兵は百三十四人だが、他に武士団の一族や郎従も加わっている。後に百五十二人がつき従った。頼朝のすぐ前には北条義時、小山朝光、大庭景能（景義）、八田知家がいる。なぜか景義一人のみ装束について『吾妻鏡』はこと細かに記録している。

三月十二日

供奉人の行列

（前略）

河内五郎（源義長）　曾禰太郎（遠頼）　里見小太郎
武田兵衛尉（有義）　伊沢五郎（信光）　新田蔵人（義兼）
佐竹別当（義孝）　石河大炊助《おおいのすけ》　沢井太郎
関瀬修理亮《しゅりのすけ》（義盛）　村上左衛門尉（頼時）　高梨二郎
下河辺庄司（行平）　八田《はった》右衛門尉（知家）　三浦十郎左衛門尉（義連）
懐島《ふところじま》平権守入道（景能）〔褐《かち》の直垂《ひたたれ》で、鷺《さぎ》の蓑毛で綴じている。押入烏帽子《おしいれえぼし》。左側の鐙は少し短い。これは保元の合戦の時に射られたためである〕
北条小四郎（義時）　小山七郎（朝光）
将軍（頼朝）〔御車〕
相模《さがみ》守（大内惟義）　源蔵人大夫（頼兼）　上総《かずさ》介（義兼）〔三人並ぶ〕　（以下略）

東大寺大仏殿再建落慶供養厳修さる。門の外では群衆といざこざが発生し、頼朝の命を受けた小山朝光はこれを鎮めるために礼儀正しく見事に口上を述べた。群衆も感じ入り名を尋ねられると「結城朝光」と名乗った。この時、小山から結城に変えたのである。

八月小十日、壬戌《みずのえいぬ》。

熊谷二郎直実法師が京都から（鎌倉に）やって来た。過去の武の道を棄て来世の仏縁を求めてより以降、もっぱら心を西方浄土に繋ぎ、ついに姿を東山にくらませた。今度の将軍家（源頼朝）の御在京の際も所存があって参らなかった。追って千里の嶮難を凌ぎ、泣いて五内の蓄懐を述べた。そこで（頼朝の）御前に召された。（直実は）まず厭離穢土《おんりえど》、欣求浄土《ごんぐじょうど》の趣旨を申し、次いで兵法の心得や合戦の故実などを話した。（直実は）身は今は法体《ほったい》であるが、心はまだ真俗を兼ねており、これらのことを聞いた者で感嘆しない者はなかった。今日、武蔵《むさし》国に下向したという。しきりに引き留められたが、「後日、参上します。」と称して退出したという。

十一月小十九日、庚子《かのえね》。

相模国《さがみ》大庭御厨《おおばみくりや》の俣野《またの》郷内に大日堂がある。今日田畠を寄進し、未来際までの仏聖灯油《ぶっしょうとうゆ》料に宛てられた。これは故俣野五郎景久が帰依《きえ》した寺院である。本仏は権五郎（鎌倉）景政が生きていた時に、伊勢太神宮の御殿の二十年に一度の造替の際、その心御柱《しんのみはしら》を切り取って造立したもので、権大僧都頼親の室において開眼《かいげん》供養を遂げ、東国の人々を守護するように誓願し安置した。仏神の合体ということがよく現れていて、内外の利生《りしょう》は疑いない。それが受け継がれてきたが、景久が滅亡してからというもの、堂舎は徐々に傾き壊れ、仏像も雨露で傷んでいる。景久の後家の尼は朝夕にこれを歎き、寝ても覚めても修復の功を遂げたいと思っていた。三浦介義澄がこのことを伝え聞き、もともと仏法に帰依する志をもっていたので、その興隆を取り次いできた。そこで景久は反逆者ではあるが、景政は源家の忠義の武士でもある。本尊はまた用いられた木の元といい、伽藍の由緒といい、まことに檀那《だんな》の誓約に従い、将軍（源頼朝）の護持に専念されるであろう、と判断された。そこで少しばかり奉加に及ばれたという。

十一月二十五日

九条兼実、伊与国越智郡の地頭職を地行する。越智郡は伊与国中央部の高縄半島の東北部を占める。現愛媛県今治市の北西部を除く地域。

伊与は『吾妻鏡』では伊与となっているが、後の方では伊予となっている。

建久五年十二月二日に鎌倉中の御願の寺社の奉行人が改めて定められた際には、奉行人の数が最も多かった。鶴岡八幡宮の上下社が大庭平太景能ら四人、勝長寿院が因幡前司広元ら四人であるのに対し、永福寺は惣寺で三浦介義澄ら三人のほか、永福寺の阿弥陀堂で前掃部頭《かもんのかみ》藤原親能ら三人、同薬師堂で豊後守季光ら三人、総計九人もの多くが任じられた。こうして鎌倉は武家の都市としての諸機能を十全に備えるにいたった（『吾妻鏡の方法』）。

建久七年~九年まで

『吾妻鏡』の記述がない。

一一九六（建久七）年

この年政変があり、玉日と考えられる人物十三歳の時、九条兼実関白太政大臣を追われ失脚する。娘中宮任子に男の子が生まれなかったことと、頼朝と親密だった丹後局（高階栄子）が土御門《つちみかど》通親《みちちか》と手を組んで兼実を失脚に追いこんだためである。建久七年の政変という。

もし九条兼実の娘が任子以外にいたならば、藤原道長の娘たちのように中宮に立后しているはずだという説があるが、当時の時代背景をみると、いくら年頃の娘がいたとしても、それはかなえたくてもかなえることが出来なかったのである。

一一九八（建久九）年

九条兼実の依頼を受けた法然は筆無精であったようで、弟子に口述筆記をさせ『選択本願念仏集』を著す。これは浄土宗の教義を顕した書であるが、この書の奥書に「庶機《こいねが》わくは、一たび高覧を経てのち、壁の底に埋《うず》みて窓の前に遺《のこ》すことなかれ、恐らくは破法の人をして悪道に堕せしめざらんがためなり」とあり、門外不出の書で、門内でも取扱に慎重を要し、法然門下でも十名程度の弟子にしか見写が許されていなかったようだ。ここには思慮深い法然が、浄土宗に無理解の聖道門の僧が見れば、そこには正しい法を謗《そし》るということが起り、法難を受けることを予期したがための策でもあったようだが、その予想どおりに専修念仏の教えが弘まるにつれ、外部からの論難の風が強くなり承元の法難、さらには法然滅後の嘉禄の法難という弾圧を受けることになった。

親鸞は法然の門下となってわずか四年後に『選択本願念仏集』の書写を許された。これは異例のことで、法然の選択本願の念仏の教えが親鸞に確実に相伝されたことの証である。

この書は後に親鸞が『顕浄土真実教行証文類』（『教行信証』）を著す原動力となった。とすれば法然にこの書を渇望した兼実の願いは、遐代《がだい》の念仏者に大いなる影響を与えたのである。また九条家が兼実なき後も本願寺との密接な関係を続けていくのも、兼実に因由するものであり、同時に兼実を化導《けどう》した法然のお育てを忘れてはならない。

十一月　兼実関白太政大臣停止（『玉葉』）。

十二月二十七日　頼朝、相模川の橋供養に参列した帰路に落馬する。

一一九九（建久十）年

一月一日

九条兼実、退出している中宮任子と竊《ひそか》に同居する（『玉葉』）。

一月十三日

この日頼朝は死亡する。五十三歳。頼朝の死は、親鸞の二十七歳の時、彼が法然に入門する二年前であった（『親鸞「四つの謎」を解く』）。

一月二十日

頼家は左中将となり、十八歳で第二代鎌倉殿となる。

一二〇〇（正治二）年

正月小十八日、乙巳《きのとみ》。

雪が深く積もり、風は烈しかった。中将家（源頼家）は大庭《おおば》野に出かけられた。

六月二十八日

後鳥羽天皇の中宮任子に院号宜秋門院《ぎしゅうもんいん》の宣下あり。
娘の昇子は順徳天皇の中宮で、仲恭天皇の母である。

一二〇一（正治三）年

改暦建仁元年

この年親鸞は二十九歳で比叡山より六角堂へ参籠し、九十五日目の四月五日未明、「行者宿報設女犯　我成玉女身被犯　一生之間能荘厳　臨終引導生極楽」という聖徳太子の夢告を得、法然の吉水の禅室を訪ね百日間降る日も照る日も大風の日も通って聴聞し、法然の門に入った時のことを『顕浄土真実教行証文類』（『教行信証』）に「建仁辛酉《けんにんかのとのとり》の暦雑行《れきぞうぎょう》を棄《す》てて本願《ほんがん》に帰《き》す」と記され、『恵信尼文書』にも当時の様子が記述されている。

後に親鸞の妻となる恵信尼は、早くから法然の信者で、百日間通っている姿を拝見していたのであろう。

『親鸞聖人正明伝』によれば、親鸞は法然と九条兼実の強いすすめにより、『王葉』から推察すると兼実の孫娘である玉日と考えられる人物と、十月五日に結婚し、五条西洞院の別邸「花園御所」に住する。翌年十月第一子範意《はんい》が誕生するとされている。

三月小十日、庚申《かのえさる》。

卯《う》の刻に地震があった。未《ひつじ》の刻に若宮大路の西側が焼亡した。懐嶋《ふところじま》平権守（大庭景能）の旧宅、土屋二郎（義清）・和田左衛門尉《さえもんのじょう》（義盛）らの宅より南、由比浜の人家まで、わずかの間に数町が被災した。

十月二十七日

兼実の長女宣秋門院任子は法然を戒師として出家した。二十九歳であった。

十二月十日

兼実正室兼子逝去、五十歳（『明月記』）。

一二〇二（建仁二）年

正月

この頃、源頼家は三善康信の弟三善康清邸の風雅な趣が気に入り、五回も訪れて蹴鞠をしたりして逗留した。

一月二十七日

九条兼実、法然を戒師として出家する。法名円証五十四歳。

七月小二十二日

源頼家、従二位に叙され征夷大将軍となる。鎌倉へは八月二日に伝わる。

十二月

九条兼実の次男良経摂政となるが、一二〇八（元久三）年に兄と同じく急死する。

一二〇三（建仁三）年

九月二日

（比企《ひき》）能員《よしかず》の娘が、北条時政の一族が存在していては一幡《いちまん》（頼家の子）の治世が奪われるというので、頼家が能員と相談しているところを、北条政子に障子の影から立ち聞きをされ、政子はすぐに父時政に知らせる。

時政は仏像供養の儀式をするからと案内を出し、何も知らない能員を刺殺した。この件により頼家の子一幡まで巻込まれ、翌日一幡が当日着ていた小袖の菊の文様でもってその遺骨が館の焼け跡から確認された。これでもって比企家は全滅した。

九月七日　頼家出家する。十五日、弟の千幡（実朝）が将軍に推挙され、従五位下の位記と征夷大将軍の宣旨が下る。

九月二十九日　この日頼家は伊豆国修禅寺に幽閉される。翌年の七月、二十三歳で暗殺された。

十一月三十日　東大寺南大門が完成し、慶派の仁王像が収められて再建され、東大寺の総供養が厳修された。

一二〇四（建仁四）年

五月十三日　熊谷直実（蓮生）は、京都の鳥羽で上品《じょうぼん》上生《じょうしょう》往生《おうじょう》を発願する。

十一月七日　比叡山の僧三千人が集まり、念仏停止を決議し訴え、法然は「七ヶ条起請文」を草し、天台座主に提出した。三日間にわたり約百九十名の門弟が名を連ねた。親鸞は八十七番目に僧綽空《しゃっくう》と署名した。当然蓮生も名を記した。

この年に熊谷領に戻り、蓮生庵《れんせいあん》を建てた。その後幡随意《ばんずいい》上人が蓮生を慕い、これを中興して蓮生《れんせい》山熊谷寺《ざんゆうこくじ》とした。

一二〇五（文久二）年

この年親鸞の伯父宗業、越後介になる。

兼実の家司、文章博士、従四位上（『明月記』）。親鸞の第二子と考えられる長女であるみぶの女房の養父である。みぶの女房は壬生二品家隆に仕えていた。親鸞と善鸞の間をとりもっていた人物である（『親鸞は頼朝の甥』）。

二月二十七日　藤原定家の異父兄隆信六十四歳にて往生。臨終の善知識として、法然は清和源氏の住蓮と、中原氏の安楽を派遣した（『親鸞は頼朝の甥』）。

隆信の父為経の兄弟が大原三寂と通称された。

『親鸞は頼朝の甥』では「親鸞の父有範は北条義時の部下で従五位下相模国権守となった。それは妻が源朝長の同母妹であったからである」とある。

四月十日

八月小七日、辛酉《かのととり》。曇り。

宇都宮弥三郎頼綱の謀叛が発覚した。

八月十六日

宇都宮弥三郎頼綱は郎党六十人とともに出家し、法名を蓮生《れんしょう》とした。

八月小十九日、癸酉《みずのとり》。

宇都宮弥三郎入道蓮生（頼綱）が鎌倉に到着して相州（北条義時）の御邸宅に参ったが、（義時は）対面されなかった。（頼綱）は結城七郎朝光に託して髻《もとどり》を献上した。これは陳謝の余りの事である。朝光は丁寧にこれを取り次いだ。髻は（実朝の）ご覧に入れた後、朝光に預けられたという。

時代が後になるが、宇都宮頼綱は一二二七（嘉禄三）年の嘉禄の法難で、延暦寺が法然の遺骸を鴨川に流そうとし、僧兵が法然の廟所を襲って破壊するという事件が発生した時、弟の信生（塩谷《しおのや》朝業《ともなり》）、法阿、道弁らと遺骸を嵯峨の二尊院に移送し、さらに太秦《うずまさ》広隆寺境内来迎院からさらにまた西山の念仏三昧院（今の西山浄土宗光明寺）に運んだ人物である。

法然の遺骸は一二二八（安貞二）年一月二十五日に荼毘に付された。この時出版されていた『選択本願念仏集』と版木は比叡山に集められ焼却された。

頼綱は歌人であり、藤原定家と親交を結んだ。長沼宗政、塩谷朝業、小山朝政、結城朝光とも兄弟である。妻は北条政子の妹で、娘婿は定家の三男為家である。為家の長男は御子《みこ》左家《ひだりけ》（二条家）、次男為教は京極家、四男為相《ためすけ》は冷泉家と、それぞれの家祖となった。

十月十二日

この日、『吾妻鏡』に五条判官（藤原）有範の名あり。

一二〇六（元久三）年

この年後鳥羽上皇の熊野詣があり、留守中に若い女官の松虫、鈴虫が出家するという事件が起きる。

一二〇七（建永二）年

この年一月六日『玉葉』に「有範、相模権守従五位下」と出てくる。

この年二月、後鳥羽上皇は専修念仏の停止と、西意《さいい》善綽房《ぜんしゃくぼう》、性願房、住蓮房、安楽房遵西《じゅんさい》の四名を死罪とし、八名が遠流となった承元の法難と称する宗教弾圧が起る（十月二十五日に承元に改元）。法然七十五歳は土佐国、親鸞三十五歳は越後国国府へ流罪が決定した。処刑される住蓮房は「七ヶ条起請文」の条十六番目、安楽房は遵西の名で三十番目、八十七番目の親鸞は法然の門下では日が浅く、流罪の原因は明確にわかっていないが、親鸞も浄土宗の奥義を相伝する人物に育っていたことが原因かもしれない。主に行動的な専修念仏の伝道活動を行っていた弟子たちが弾圧を受けた。

本願寺勧学 梯實圓《かけはしじつえん》氏は「親鸞聖人は越後に流罪になりますが（中略）聖人の伯父にあたる日野宗業卿が、建永二（承元元）年正月に行われた春の除目（朝廷の人事）で、『越後権介』を任ぜられています。事件の起こる一ヶ月前のことです。（中略）その庇護下に置くために越後を選定したのではないでしょうか」と『親鸞聖人の生涯』に記されている。

宗業は一二一〇（承元四）年十二月二十日まで満四年近く越後権介として任にあたった。法然の配流先をひそかに兼実の次男良経の知行国である讃岐にし、親鸞の配流先をやはり良経の地行国である越後にした九条兼実のはたらきも大きいのではないかと考える。良経は一二〇六年に三十八歳で急死するのだが、当時一周忌まではその任が認められたのである。配流先には妻の同道は認められているが、上級貴族の娘は掃除、洗濯、炊事、縫物、育児といった家事全般は自分ではしないので、兼実は親鸞にかねてから自分の二人の子女に仕え越後と関係が深い三善家の恵信尼を選んでつき添わせたのであろう。恵信尼の父も兼実の家司であった。

大分県別府鉄輪《かんなわ》温泉にある時宗永福寺には、「恵信尼像」と「玉日宮黒髪」が伝承されている。

大正五年当時の永福寺の住職河野智円師と本願寺布教使西村法剣師の二人が稲田の西念寺より請け

たものである。

三月十六日法然はこの日配所に出立するが、親鸞が越後に流罪になったのも、おそらく二月の末から三月の初め頃のことだったとも言われている（芦屋仏教会館編『親鸞聖人と承元の法難』）。

四月五日九条兼実は、配流を見送ってわずか二十日後、五十九歳で力尽きたようにこの世を去ったのである。

十月親鸞の第三子と思われる善鸞が誕生している。この善鸞は長じて親鸞の名代として関東に赴くが、関東の門徒に親鸞から秘かに伝授された教義が本当だと話し、ついに親鸞は善鸞を義絶した。善鸞の子如信《にょしん》は、父善鸞とともに親鸞帰京後、側で親鸞の声を聞いて育ったので、親鸞の教義を身につけ、後に覚如（本願寺三代）に教義を細かく教えた人物で、覚如に如信は本願寺二代とされた。

善鸞が存在したから如信が誕生したわけで、本願寺相承において善鸞も大切な存在であったのである。

十ヶ月後に九条道家の嘆願もあり、法然は仮に流罪を解かれ摂津箕面勝尾寺で過ごした。

一二〇八（承元二）年
十月大二十一日、丁亥《ひのとい》。

東平太重胤（東所と名乗った）が、目的を遂げて京都から（鎌倉に）帰った。すぐに御所に召され、洛中のことなどを申し上げた。まず熊谷《くまがい》二郎直実入道は、九月十四日の未《ひつじ》の刻に臨終を迎えると広く告げ知らせたので、当日に至ると、結縁《けちえん》の僧侶や俗人が、その東山の草庵を囲んだ。時刻になって、衣・袈裟を着て礼盤《らいばん》に上り、姿勢を正し座って合掌し、声高に念仏を唱えて臨終を迎えた。以前から全く病気はなかったという。次に、先月二十七日の夜半、朱雀門が焼亡した。（藤原）朝隆卿の末孫で、弓馬・相撲の達人である常陸介《ひたちのすけ》（藤原）朝俊が、松明《たいまつ》を手に持って門に登り、鳩の子を取って帰ったところ、その火がこの火災を引き起こした。およそ近年、天皇・上皇は皆鳩を好

一二〇九（承元三）年

三月大三日、丙申《ひのえさる》。

十一月大五日、乙未《きのとひつじ》。

一二一〇（承元四）年

四月大九日、丙寅《ひのえとら》

まれている。（藤原）長房・（藤原）保教らは以前から鳩を飼っていたので、よい時節にめぐり合い、殊更に奔走しているという。この門の焼失によって、去る五日の射場始《いばはじめ》は延期になったという。

京都伏見の西岸寺（元法性寺小御堂《こみどう》）の縁起によれば、この年玉日逝去、二十六歳。境内に玉日姫の墓があり、ここは花園御殿と呼ばれていた。流罪により別れて二年後のことであった。関東の結城の称名寺、稲田の西念寺にも墓があるが、いずれも恵信尼＝玉日となった墓である。

鶴岡（八幡）宮の一切経会が行われた。

相模《さがみ》国大庭御厨《おおばのみくりや》の内に大日堂があり、本尊はたいそう霊験あらたかな仏である。故将軍（源頼朝）の御帰依はなおざりではなかったが、近年破損したと（実朝が）聞き及ばれたので、破損箇所についての報告をご覧になり、修理するよう、今日相州（北条義時に）命じられたという。

懐嶋《ふところじま》平権守（大庭）景能入道が相模《さがみ》国で死去した。

『日本古代中世人名辞典』（吉川弘文館）の大庭景義の項では生誕年を明らかにしていないが、諸説ある中、一一二八（大治三）年生まれという説もあり、そうすれば八十三歳まで生きていたことになる。

　大庭景義は、源頼朝の父義朝に味方して保元の乱を戦い、鎌倉幕府草創期に梶原景時らとともに側で頼朝を支えた。弟の大庭景親は平家方として活躍したが、頼朝に討たれ、その子孫は代々福岡県添田町の岩石《がんじやく》城の城主となった。景義の長男景貫は身体が弱かったため、次男の景兼に跡目を継がせたが、和田合戦において和田方についたために戦死した。三男と思われる景連は、広島県福山市福山大庭城を築城する。病弱だった景貫は、北条泰時に京都山科西野村の土地を貰い受け、その子景明については、松林山端坊の『由緒書』によると、継母の邪心を厭《きら》い出家発心の道を京都府男山《おとこやま》の岩清水《いわしみず》八幡宮で神告（夢のおつげ）を受け、一二五六（康元元）年に親鸞の弟子となり、法名明源《みょうげん》を授かり〝御真筆九字ノ御名号《みょうごう》〟を賜ったと見える。時に聖人八十四歳、大庭景明三十六歳。聖人九十歳の一二六二（弘長《こうちょう》二）年の中冬《ちゅうとう》下旬の頃、明源はご病床の聖人を見舞い「御自影幷《じえいならび》ニ聖徳太子ノ尊影ヲ模シ、其外御和讃等所望ニマカスヘシトテ譲与シ玉ヒケリ」と記す。松林山端坊山号は山科にある山科本願寺と同じである。五代明哲の頃に興正寺六坊の一つとなり、松林山端坊と号した。

一二一一（承元五）年

三月小三日、乙卯《きのとう》。

鶴岡（八幡宮）の祭礼と一切経会《いっさいきょうえ》はいつもの通りであった。

三月三日

親鸞と恵信尼の子信蓮房生まれる。

『恵信尼文書』に三月三日に生まれたと記されている。

九月十五日

頼家の若君善哉が出家し、法名を公暁という。実朝の猶子となっていた。

十一月十七日

法然と親鸞は同日赦免された。親鸞の赦免の勅使は、伯父範綱の子範光であったという説が多いが『本願寺史』第一巻では、範光は一二〇七（建永二）年に出家したことがわかっており、出家した者がそうした役目を担うことはない。『拾遺古徳伝』巻八第四段では、それは「権中納言藤原ノ光親《みつちか》ノ卿」であったとなっており、「アルヒハ岡崎ノ中納言範光ノ卿ト云々」と割註している。『本願寺聖人親鸞伝絵』下の第一段では「岡崎中納言範光卿《おかざきのちゅうなごんのりみつきょう》をもって勅免」とあるが、注釈に「範光は承元元年（一二〇七）に出家しており当時の勅免官は藤原光親であった」とある。

九条兼実の孫、任子の娘昇子が死去する。兼実の次男良経の娘立子が順徳天皇へ入内、後に仲恭天皇の母となる。

一二一二（建暦二）年

一月二十三日

法然は命終の二日前に『一枚起請文』を記す。この書には法然の両手印が押されている。安政（一八五五～一八六〇年）になって公武合体を押し進めるために九条家はこの『一枚起請文』を八千枚刷り、頒布して皇女和宮の婚礼の資金に当てられた。縁あって筆者の寺にその一枚が伝えられている。現在の残数を知りたいところである。

一月二十五日

法然は八十歳で示寂《じじゃく》す。

浄土宗の開祖であり、親鸞が選定した七高僧の内の第七祖である。親鸞との年の差は四十歳で、第四祖の道綽禅師と直接師と対面した第五祖善導大師との年の差は五十一歳、それに次ぐ年の差であるが、法然が示寂する十年前に親鸞が出遇い、インドの釈尊から流布した『仏説無量寿経』に説かれる阿弥陀如来の本願念仏の教えが、親鸞に相承された。このことを「遠慶宿縁」と嘆じられている。

二月大一日、戊寅《つちのえとら》。

未明、将軍家（源実朝）が和田新兵衛尉《ひょうえのじょう》朝盛を御使者として、梅花一枝を塩谷兵衛尉朝業に送り遣わされた。この時（実朝が）仰った。「名乗らずに『たれにか見せん。』とだけ（朝業に）言って、返事を聞かずに帰って来るように」。朝盛は御命令に背かず、すぐに帰ってきた。朝業が間もなく一首の和歌を奉った。

うれしさも匂も袖に余りけり　我為おれる梅の初花

塩谷兵衛尉朝業は寒河尼の兄か弟になる宇都宮三郎朝綱の孫で、実朝に仕えていたが、実朝の死後出家して信生となる。嘉禄の法難の時に、比叡山衆徒により廟堂は破却されたが、兄頼綱（蓮生）とともに暴挙を止め法然の遺骸を二尊院等に運んだ人物で、親鸞が関東に移住した頃に稲田の郷を支配していたのは塩谷朝業だったといわれている。

この朝業の次男時朝は常陸国笠間に入り、一二三五（嘉禎元）年笠間城を築く。また稲田には頼綱の弟稲田頼重もおり親鸞を庇護した。時朝は一二五三（建長五）年七月と一二六四（文永元）年八月十日に、京都蓮華王院（三十三間堂）に千手観音菩薩の百二十号と百六十九号をそれぞれ寄進し、一二五五（建長七）年には『宋版一切経』を鹿島神宮に奉納し、寺院に仏像等を寄進して仏教に帰依した。

頼綱、朝業が法然の専修念仏に縁があったことで、親鸞が稲田に草庵を結ぶ要因となったことがうかがえる。

三月三日、庚戌《かのえいぬ》。

霧雨《きりさめ》が降った。鶴岡（八幡）宮で一切経《いっさいきょう》供養が行われた。

一切経供養は毎年三月三日に行われる年中行事であった。

この時親鸞は四十歳である。関東に旅立つ二年前で、まだこの頃越後在留。

『佛光寺寺伝』では、この年親鸞は京に帰り、山城国山科郷に一宇を創建して弟子の真仏にまかせて関東に向ったとあるが、それを裏付ける資料はない。

一切経に関しては、後に関東の稲田に草庵を占《し》めた頃の出来事が本願寺三代覚如が顕した『口伝鈔』第一巻の八に「一、一切経校合《きょうごう》ノ事、西明寺ノ祖父武蔵守泰時《むさしのかみやすとき》、世ヲトリテ政徳ヲモ　ハラニセシメシコロ　一切経ヲ　書写セラレキ　コレヲ校合ノタメニ智者学生タラン僧ヲ崛請《くちしょう》アルベシトテ武藤左衛門入道《むとうさえもんにゅうどう》ナラビニ宿屋入道《やどやのにゅうどう》両大名ニ　オホセツケテ　タヅネアナグラレ　ケルトキ　コトノ縁アリテ　聖人（親鸞）ヲ　タヅネイダシ　タテマツリキ　常陸国《ひたちのくに》笠間《かさま》郡《ごおり》稲田《いなだ》ノ郷《ごう》ニ御経廻《ごけいかい》ノコロナリ　聖人ソノ請《しょう》ニ応《おう》ジ　マシマシテ　一切経御校合アリキ（以下略）」とある（旧漢字は常用漢字に変換した）。

一二一三（建暦三）年

この年和田の乱始まる。和田の乱について京都への教書の文中に（藤原）有範の名が出てくる。

五月小六日、丙午《ひのえうま》。晴れ。

（前文略）

建暦三年五月二日・三日の合戦で討たれた人々の記録

（中略）

一　鎌倉の人々

梶原刑部《ぎょうぶ》（朝景）　同太郎　同小次郎　宇佐美平太郎左衛門
大庭小次郎（景兼）　土肥小太郎　豊田平太　四宮三郎
同太郎　愛甲小太郎（義久）　同三郎（季隆）　同五郎
金子太郎
以上三十人

二行目の上に、大庭小次郎（景兼）とあるのが大庭景義の次男で、跡目を継いだが、和田の乱で惜しくも命を落とした。

五月小七日、丁未《ひのとひつじ》。晴れ。

勲功について主な分が今日まず定められた。

その中に相模国懐島〔山城四郎兵衛尉〕と『吾妻鏡』に記述がある。

しかし、現在も茅ヶ崎市懐島には、大庭景義が館を造った所の鬼門に伊勢神宮を勧請した神明大神宮があり、数々の石碑や五輪の塔、大庭景義像等が地域の人々によって維持管理されている。

一二一四（建保二）年

この年四十二歳の親鸞と三十三歳の恵信尼は四歳の信蓮房を連れて関東へ旅立つ。関東での受皿は八田知家、宇都宮頼綱、小山朝政、寒河尼、結城朝光らの有力な面々であったであろう。

二十年の歳月を関東で送り、その間に多くの弟子や門徒を教化して法名を授け、数々の寺院が草創されていった。また稲田の草庵にて『顕浄土真実教行信文類』（『教行信証』）を起草し、京都に戻ってからも晩年まで筆を加えていたことが筆跡からうかがえる。二〇二四（令和五）年に真宗各派で、親鸞御誕生八百五十年、立教開宗八百年の慶讃法要が勤められたが『教行信証』の中に記されている「元仁元年」に浄土真宗の教えの基盤が築かれたとし、それより数えて二〇二五（令和六）年が八百年にあたる。

一二一六（建保四）年

閏六月十日

『方丈記』の著者鴨長明、六十一歳で寂す。親鸞と同じ日野の里の生まれである。

この頃結城朝光は、親鸞を請じて聴聞し念仏者となり、親鸞の弟子真仏を開基として称名寺を建立。後に称名寺は栄え、四ヶ寺十九坊があり「関東七大寺」の中の随一であった。一二五四（建長六）年二月二十四日八十七歳で寂す。

称名寺は元禄年間（一六八八～一七〇四年）に現在地へ移り、二十四輩寺院の一つである。

一二一七（建保五）年

大江広元出家。法名覚阿。その子孫は毛利元就、輝元らに繋がり、その毛利輝元は一六〇四（慶長九）年に山口県の萩に萩城を築城した折、九条兼実の伏見の桃山御殿を移築して本堂とし、松林山端坊を萩に建立した。

三月小三日、庚辰《かのえたつ》。晴れ。

鎌倉（八幡）宮の一切経会《いっさいきょうえ》がいつも通り行われ、式部大夫（北条泰時）が将軍家（源実朝）の御使者として奉幣された。

一二一八（建保六）年

十月十日

九条兼実の次男良経の長女立子、皇子（後の仲恭天皇）を産む。

一二一九（承久元）年

二月小二日、己亥《つちのとい》。

武蔵《むさし》国熊谷《くまがや》郷は、右大将家（源頼朝）の御時に（熊谷）直実法師が的立《まとだて》の役を辞退した罪により（没収され）、鶴岡（八幡宮）に寄進された。

二月小二十一日、戊午《つちのえうま》。

白河左衛門尉《さえもんのじょう》義典が悪別当（公暁）の使者として（伊勢《いせ》）大神宮に参詣し、その上に道中で自殺したので、その罪科により義典の遺領が没収され、地頭が補任された。相模《さがみ》国の大庭御厨《おおばのみくりや》内の地という。そうしたところ、祭主の神祇大副《じんぎのたいふ》（大中臣）隆宗朝臣《あそん》が加藤左衛門大夫光員を通じて文書を提出して訴えた。「義典の遺領の中で、外戚の家が伝領していた御厨については、簡単には没収できないものです。神宮に返付されるように」。そこですぐにその審議があり、神宮に返付するよう今日決定された。

七月大十九日、壬子《みずのえね》。晴れ。

左大臣（藤原）道家公の賢息（三寅、のちの頼経）（二歳。母は（藤原）公経卿《きょう》の娘。建保六年正月十六日の寅《とら》の刻に誕生）が関東に下向した。これは故前右大将（源頼朝）の妻室の禅尼（政子）が、将軍（頼朝）との昔からの縁を重んじて、その後継とするために申請していたため、先月三日に下向するよう宣下《せんげ》があった。同九日には春日社に参られた。牛車《ぎっしゃ》に乗り、殿上人《てんじょうびと》一人・諸大夫三人・侍十人が供をしたという。同十四日に左府（藤原道家）のもとで魚味《まな》の祝いの儀式があり、同十七日には院（後鳥羽）に参って御馬・御剣などを賜わったという。同二十五日に一条の邸宅から六波羅に渡り、その後出発したという。今日の午《うま》の刻、鎌倉に入り、右京権大夫《うきょうのごんだいぶ》（北条）義時朝臣の大蔵の邸宅（区画の南方にこのところ新造の建物を構えていた）に到着した。その行列は、まず女房（それぞれ輿《こし》に乗り、身分の低いものを先とした）、雑仕《ぞうし》二人、乳母《めのと》二人、卿局《きょうのつぼね》・右《う》衛門督《えもんのかみ》局・一条局。この他に相州（北条時房）の妻室。

随兵は、宇都宮頼業、結城朝光、八田知重、小山朝政、小山宗政ら五十七人。

一二二〇（承久二）年

五月小七日、丙申《ひのえさる》。

先月二十七日の未《ひつじ》の刻に内裏の陽明門、左近衛府、上東門の左脇にある斎院の御所などが焼失した。火は中御門町《なかみかどまち》で起こった。また同十三日に祇園《ぎおん》本社が焼失したという。（五条）有範が特使を遣わして申し送ってきた。

一二二一（承久三）年

四月

九条道家、摂政となる。兼実の次男良経の長男。

四月二十日　仲恭帝即位四歳、母は兼実の孫長女立子。

五月　承久の乱起る。後鳥羽上皇隠岐へ。順徳天皇二十四歳の折、父後鳥羽上皇の倒幕計画が失敗し佐渡へ遠流となった。中宮は九条立子である。

五月大十五日　北条義時追討の宣旨が、全国に発布された。この時、北条政子は「頼朝の恩は山よりも高く、海よりも深い」と後世に残る名演説を行い、集まった武士たちは命を捨てて恩に報いる決意をした。

七月二日　この日、関東の被官《ひかん》の武士四名が、罪により梟首《きょうしゅ》された。其の中の一人に五条筑後守従五位下行平朝臣有範という人物の名が見える。

七月小十三日、乙未《きのとひつじ》。　**上皇（後鳥羽）は鳥羽の行宮《あんぐう》から隠岐《おき》国に遷られた。**

八月大九日、庚申《かのえさる》。　**丑《うし》の刻に散位《さんに》従五位下三善朝臣康信法師（法名は善信）が死去した（年は八十二歳）。**

一二二四（元仁元）年　親鸞の末娘覚信尼生まれる。
親鸞の法燈は後に本願寺となって覚信尼の子孫に継がれていく。
覚信尼は最初は、範綱の孫日野広綱と結婚して長男覚恵と長女光玉をもうける。光玉は善鸞の子本願寺二代如信と結婚し、覚恵の子覚如が本願寺三代となる。広綱の死後に覚信尼が再婚した小野宮禅念が購入した大谷の土地を生前に譲渡され、それを親鸞の墓所として寄進した。この場所が元大谷といわれる東山の崇泰院である。この廟堂は一六〇三（慶長八）年徳川幕府によって移転され偏在の京都市東山五条の大谷本廟となる。
　一説では小野宮禅念の先妻との子とされる唯円は、一二四〇（仁治元）年頃十九歳で六十六歳の親鸞の常随の弟子となったといわれる。三十六、七歳頃に関東に下り、親鸞の教えに異議が生じているのを嘆き親鸞の教義を正しく伝えるために『歎異抄』を書いたのである。

五十三歳頃に慶西坊に頼まれて、大和下市に立興寺を建立し、一度関東に戻り、一二八八（正応元）年再び京都に上り、覚如に法文を論ずる。翌年六十八歳で大和下市で寂す。墓は立興寺にある。父の禅念はそういった繋がりで、早くから親鸞に縁があったと考えられる。

最後に大庭景義の先祖となる桓武天皇の母高野新笠《たかののにいがさ》についての記述が、東茂美著『鯨鯢《くじら》と呼ばれた男』の中にあったので紹介する。

皇太后《くわうたいごう》、姓は和氏《やまとのうぢ》、諱《いみな》は新笠。贈正一位乙継《おとつぐ》の女《むすめ》なり。母は贈正一位大枝《おほえ》朝臣真妹《まいも》なり。后の先は百済《くだら》の武寧王《ぶねいわう》の子純陀太子《じゅんだたいし》より出づ。皇后、容徳《ようとく》淑茂《しゅくぼう》にして、夙《つと》に声誉《せいよ》を着《あらは》す。天宗高紹《あめむねたかつがす》天皇龍潜《すめらみことりょうせん》の日、娉《めま》きて納《い》れたまふ。今上・早良親王《さはらのみこ》・能登内親王《のとのひめみこ》を生めり。宝亀年中に姓を改めて高野朝臣とす。今上即位《くらいにつ》きたまひて、尊《たふ》びて皇大夫人とす。九年、追《お》ひて尊号を上《たてまつ》りて皇太后と曰《まう》す。その百済の遠祖都慕王《とほつおやとぼわう》は、河伯《かはのかみ》の女《め》、日精《ひのかみ》に感《め》でて生める所なり。皇太后は即ちその後なり。因りて諡《おくりな》を奉る。

新笠は、和乙継の娘だという。和氏は百済純陀王の後裔であるという。つまり渡来系の氏族である。母は大枝真妹《まいも》、大江朝臣は延暦九年（七九〇）に桓武帝からたまわったもので、もとは土師氏。高野朝臣は父乙継と新笠が、宝亀年間に光仁天皇からあらたにたまわった姓氏である。

死後に贈られる新笠の諡号《しごう》は「天高知日之子姫尊《あめたかしらすひのこのひめのみこと》」である。これは和氏の遠祖、それはとりもなおさず、百済王の遠祖にあたるわけだが、遠祖都慕王は河伯の娘が太陽に感じて生んだ男児であるという、国建ての伝承をよりどころにしたという。国風の諡《おくりな》にかかわらず、渡来性を全面に出しているところに、桓武天皇の治政の内実が見えてきそうだ。

古人や清公が宮中に進出できた事情として、今上帝の生母新笠の母真妹が土師氏の出自であり、真妹や新笠の推挽《すいばん》がかならずやあったからにちがいない。清公が早良親王（七五〇～七八五）のそばで奉仕できたのも、また然り。

大庭家は桓武天皇とその皇后乙牟漏の間に生まれた葛原親王の孫高見王の子孫となる。そういったことも関係があるのかわからないが、大庭家は時として並はずれた実行力の持主が現れている。

また、代々声の通りが良かったのか、音響設備がない時代に本願寺第九代門主実如上人の葬儀の導師を生前に依頼された瑞坊八代明誓は、数十万人の人々が集まった中で調声し、本願寺八代蓮如の二十五回忌に伽陀を勤め、蓮如八男・蓮芸の葬儀の時は御堂衆として調声した。一五七九（天正七）年十一月、本願寺は信長の和議申出を拒んだ後、大坂御坊を退出した。その際の最後の報恩講の調声も、当時の端坊十代住職明念が勤めている。

令和四年に七十五歳で往生した夫である前住職も、大変声が大きくよく通り、一代で当山の再興を成し遂げたところなどが、頼朝のもとで普請奉行をしていた大庭景義を彷彿とさせる人物であった。

現在の茅ヶ崎市円蔵の大庭景義の邸の址には懐嶋館址の石碑があり、その円蔵神明神社境内に大庭景能（景義）の像がある。また、大庭景能と和田合戦で命を落とした次男景兼二人のゆかりの地の土を集めて建立した層塔、景能の顕彰碑、鶴岡八幡宮景能祭之碑等案内板も丁寧に建てられている。その中に「源頼朝奥州征伐につき景能に意見を聞く」という案内板もある。

また頼朝の側室であった丹後局は、頼朝の子を身籠ったことが北条政子に知られ、ここ懐嶋の大庭景能の館に匿われた後、茅ヶ崎西久保の屋敷に移り住み男子を出産、その子忠久はのちに薩摩島津氏の祖となる。

茅ヶ崎市西久保にある室生寺は山号を「懐島山《ふところじまざん》」と称し、阿弥陀堂にある善光寺式阿弥陀三尊は、一一九五（建久六）年に造立されたもので、大庭景義の念持仏であったとも伝えられている。

山口、萩　端坊　資料による系図

歌舞伎演目「暫」のモデル
鎌倉権五郎景政……大庭景宗

- 大庭景義（能）（源氏）源頼朝から茅ケ崎（七千坪）と左三ツ巴紋をもらう
  - 大庭景貫　北条泰時に山科西野村の地をもらう
    - 開基　俗名景明　明源　一二五六年親鸞の弟子となり七年間常随する（親鸞が善鸞を義絶した年）
    - 二代　明真　山科野村郷を領地とする
    - 三代　明運　仏光寺境内に移る
    - 四代　明伝
    - 五代　明哲　始めて端坊と号す　興正寺六坊の一つ
    - 六代　明芸　興正寺四十二坊をつれて蓮如の本願寺へ転属する
      - 七代　明信　天然浄祐を導く【豊後高田（現大分市）専想寺中興】
      - 八代　明誓　蓮如上人25回忌の伽陀をつとめ　実如上人葬儀の調声をつとめる
  - 大庭景兼　和田合戦で戦死
  - 大庭景連　福山大庭城を築城
- 豊田景俊（源氏）
- 大庭景親（平家）子孫は福岡、添田岩石城城主
- 俣野景久（平家）
- 波多野義常室——有常（有経）

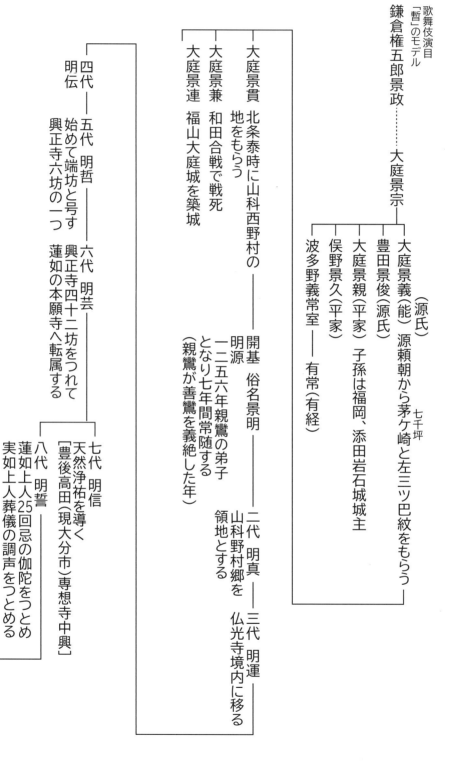

- 九代　明了
  - 山口端坊建立
    山口初代
  - 大場出羽守
    景友（景文）
    院の御所へ出仕
  - 男子
  - 十代　明念 ＝ 女子　飛鳥井覚澄娘
    石山本願寺最後の報思講の調声をする
    - 十一代　明勝 ＝ 女子茶々　下間頼廉娘
      関ヶ原合戦の後、安国寺恵瓊を京端坊が匿ったことにより東山日の岡峠にて夫婦処刑さる
      - 女子 ＝ 関十兵衛
        - 山口三代　了性 ＝ 女子
          - 山口四代　閑隆
            - 五代　円融
              - 以下略　山口端坊
      - 二人の女子を本願寺にて養育する
      - 女子 ＝ 十二代・山口二代　明善
        - 女子 ＝ 山口三代　了性
        - 明宗
          本山向寺役所へ出仕
        - 十三代　明閑
          京六条
          八条の寺閉門
          - 十四代　明琢
            萩本堂焼失
            - 十五代　明随
              - 十六代　明乗
                萩本堂再建
                端坊由緒書を記述
                - 以下略　萩端坊
    - 次男　慶西
      赤穂永応寺
      （山口端坊は慶岸）
    - 十二代・山口二代
      明善
      明勝の11歳年下
      京六条端坊建立
      萩端坊開祖
  - 唯明
    大分市専想寺
    - 唯念
  - 覚了
    石見銀山順勝寺
    - 了明
      石山合戦に参戦
  - 女子 ＝ 元興正寺六坊の一つ
    東坊十世賢空

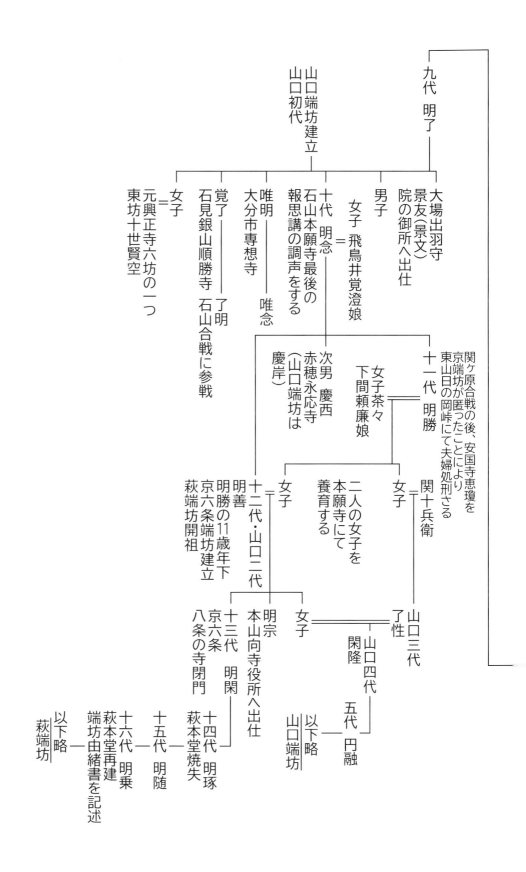

親鸞、玉日、恵信尼周辺の人物の相関図（順不同）

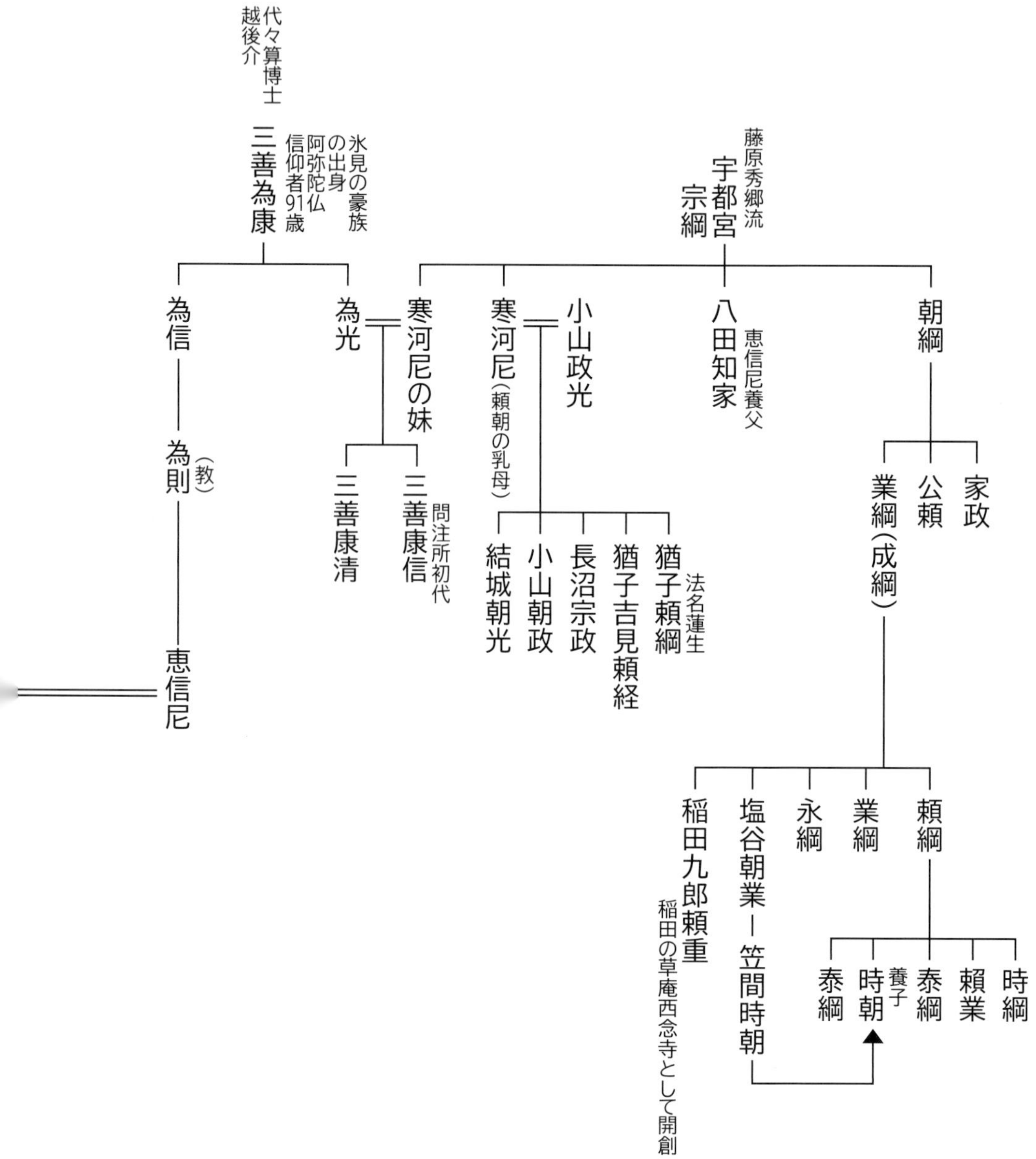

『吾妻鏡』に見る大庭景義」正誤表

「親鸞、玉日、恵信尼周辺の人物の相関図」の61ページ

[誤]

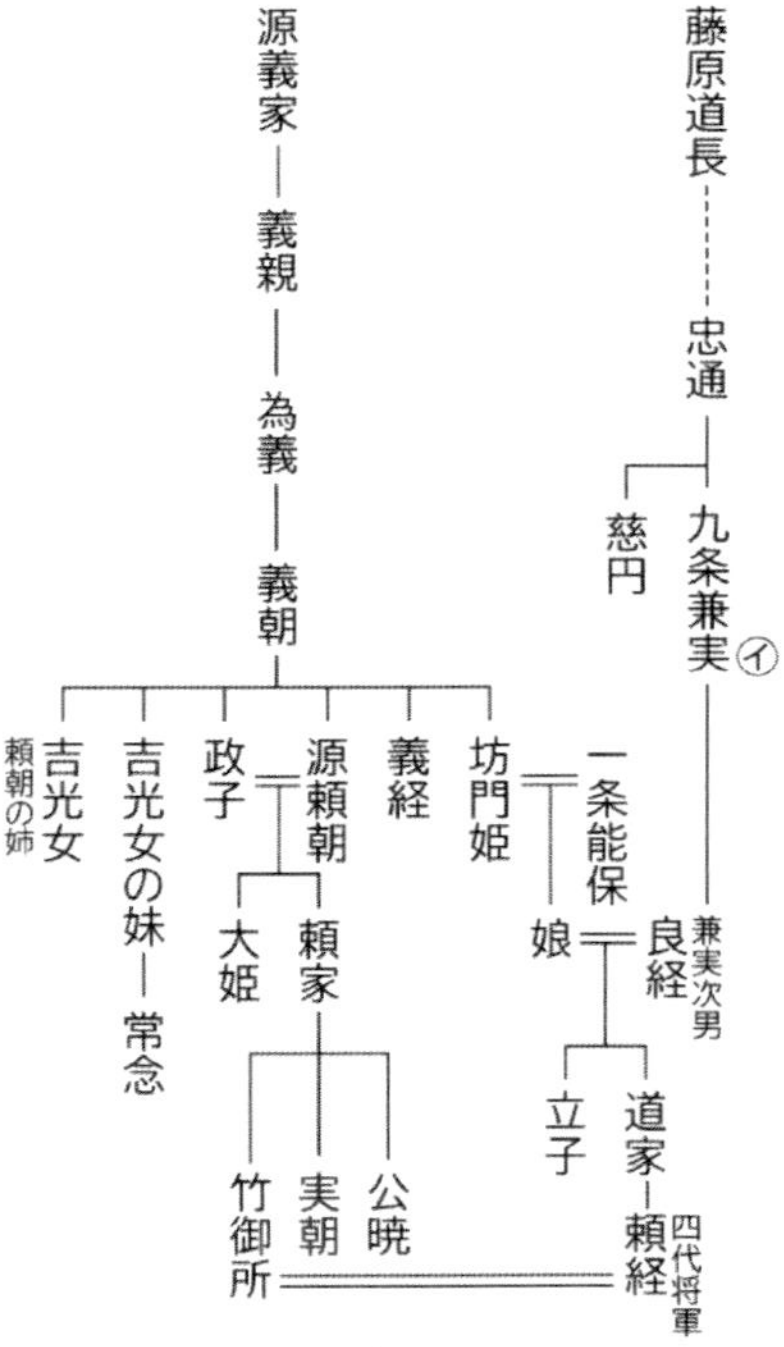

[正]

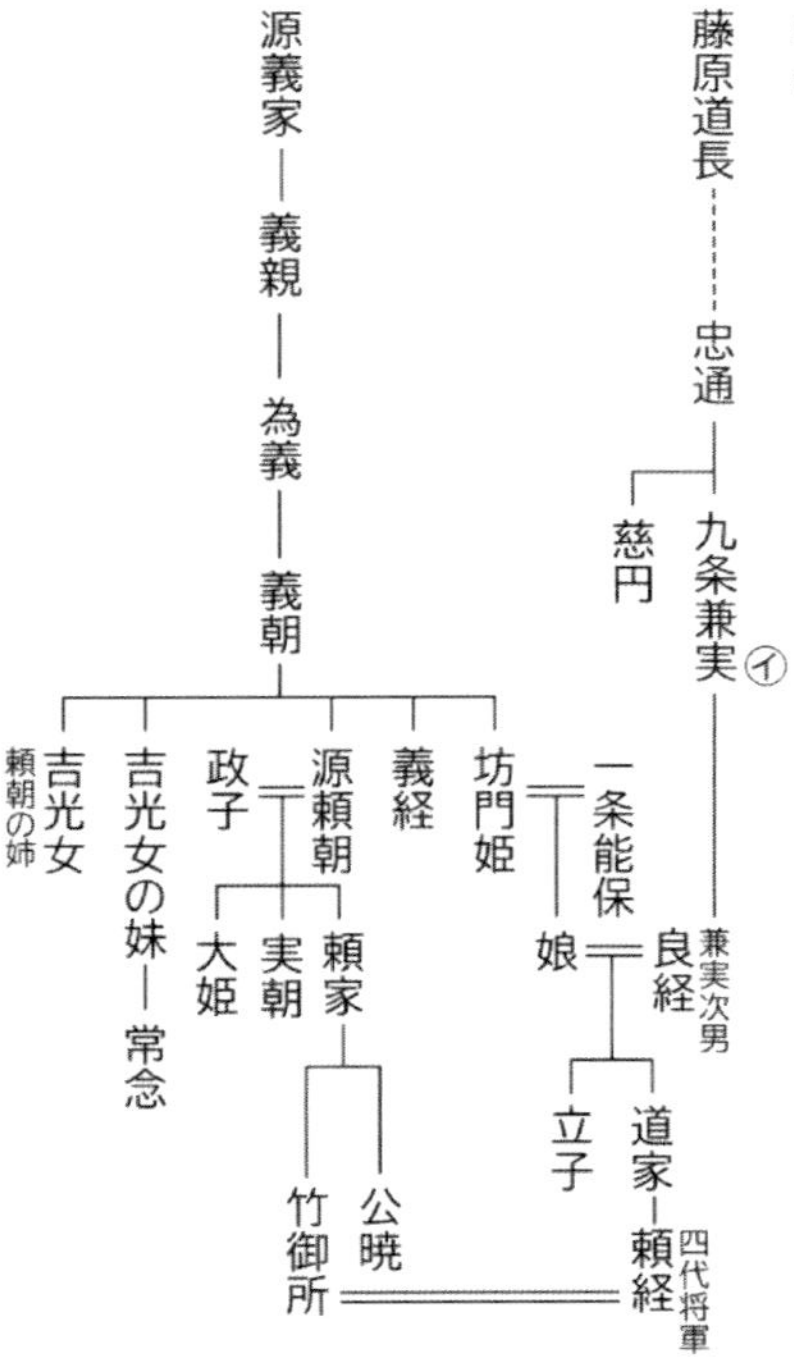

以上、謹んでお詫びするとともに訂正いたします。

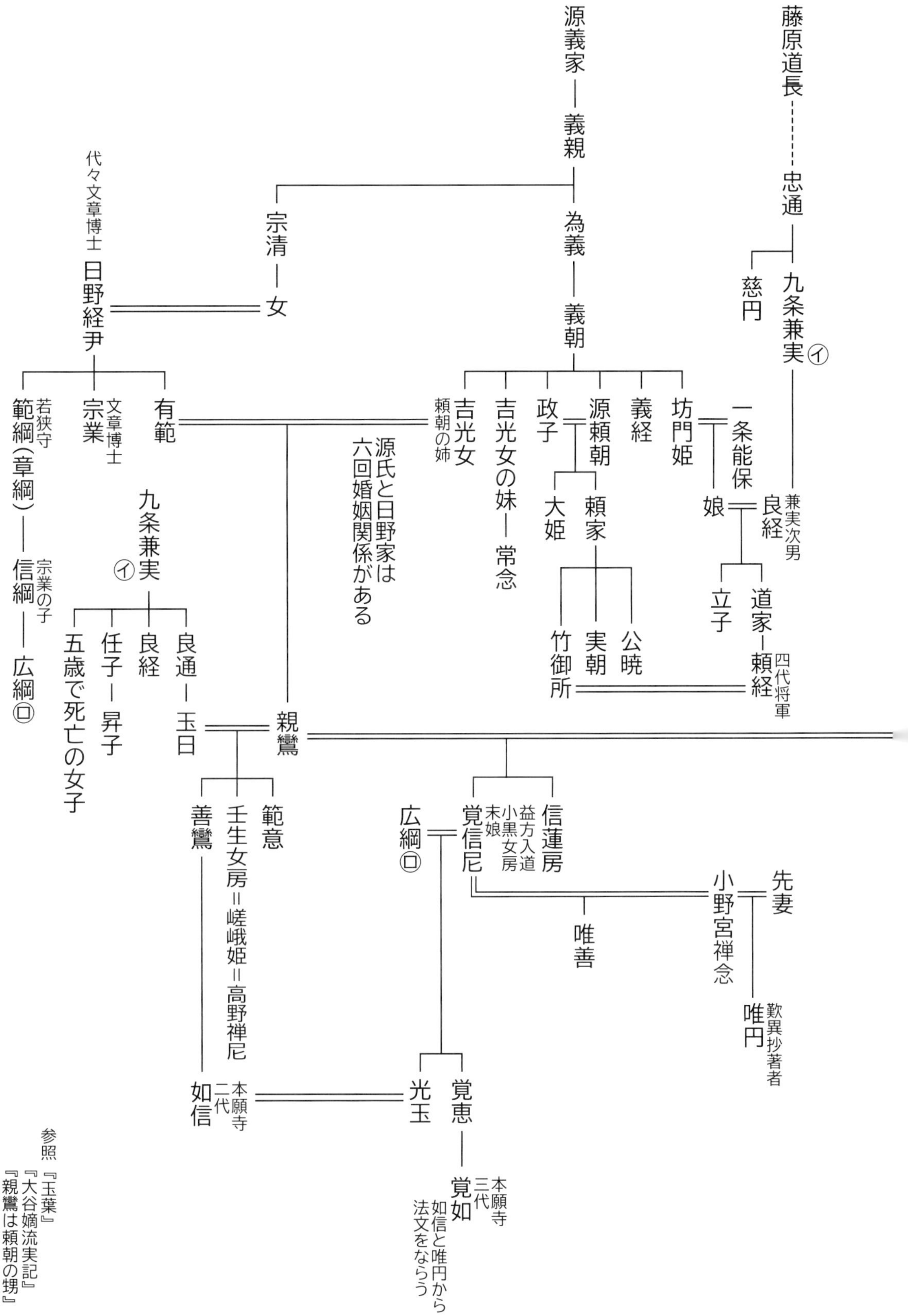

参照『玉葉』
『大谷嫡流実記』
『親鸞は頼朝の甥』

参考文献

『現代語訳 吾妻鏡1～8巻』五味文彦・本郷和人編、吉川弘文館、2007～2010
『吾妻鏡 第1～5』龍肅訳註、岩波文庫、1997
『鎌倉市史』鎌倉市市史編さん委員会編さん、吉川弘文館、1985～1994
『「鎌倉遺文」の研究』瀬野精一郎、東京堂出版、2011
『鎌倉幕府草創の地――伊豆韮山の中世遺跡群〔改訂版〕』池谷初恵、新泉社、2022
『鎌倉武士の実像――合戦と暮しのおきて』石井進、平凡社ライブラリー、2002
『鎌倉と京――武家政権と庶民世界』五味文彦、講談社学術文庫、2014
『鎌倉浄土教の先駆者法然（歴史文化ライブラリー494）』中井真孝、吉川弘文館、2020
『武蔵の武士団――その成立と故地を探る（読みなおす日本史）』安田元久、吉川弘文館、2020
『吾妻鏡と鎌倉の仏教』菊地大樹、吉川弘文館、2023
『仏都鎌倉の一五〇年（歴史文化ライブラリー510）』今井雅晴、吉川弘文館、2020
『玉葉 全3』藤原兼実、名著刊行会、1971
『玉葉精読――元暦元年記（日本史研究叢刊25）』髙橋秀樹、和泉書院2013
『「玉葉」を読む――九条兼実とその時代』小原仁編、勉誠出版、2013
『九条兼実――貴族がみた『平家物語』と内乱の時代（戎光祥選書ソレイユ002）』樋口健太郎、戎光祥出版、2018
『九条家文書1～7（図書寮叢刊）』宮内庁書陵部編、明治書院、1977
『関白九条兼実をめぐる女性たち（歴史を知り、親鸞を知る5）』今井雅晴、自照社出版、2012
『尊卑分脈 全4篇（新訂増補國史大系）』洞院公定撰、吉川弘文館、2007
『大谷嫡流實記』大谷大学編、真宗大谷派出版部、1972
『口伝鈔の研究』佐藤哲英、百華苑、1984
『中世の名門宇都宮氏』下野新聞社編集局、下野新聞社、2018
『宇都宮一族――法然上人をめぐる関東武者2（知恩院浄土宗学研究所シリーズ4）』梶村昇、東方出版、1992
『熊谷直実――中世武士の生き方（歴史文化ライブラリー384）』高橋修、吉川弘文館、2014
『熊谷直実――浄土にも剛の者とや沙汰すらん（ミネルヴァ日本評伝選）』佐伯真一、ミネルヴァ書房、2023
『平家物語1～4』古川日出男訳、河出文庫
『現代語訳源氏物語 全4巻』紫式部著・窪田空穂訳、作品社、2023
『明月記を読む――定家の歌とともに 上下（コスモス叢書第1148篇）』高野公彦、短歌研究社、2018
『知られざる親鸞（平凡社新書654）』松尾剛次、平凡社、2012
『日本史のなかの親鸞聖人――歴史と信仰のはざまで』岡村喜史、本願寺出版社、2018
『親鸞聖人行実』数学研究所編、東本願寺、2008
『親鸞読み解き事典』林智康・相馬一意・嵩満也・岡村喜史・安藤章仁・山本浩信編著、柏書房、2006

『誤解された歎異抄』梅原猛、光文社文庫、１９９７
『親鸞「四つの謎」を解く』梅原猛、新潮文庫、２０１７
『親鸞・封印された三つの真実――黙殺されてきた『親鸞聖人正明伝』を読み解く』佐々木正、洋泉社、２００９
『親鸞始記――隠された真実を読み解く』佐々木正、筑摩書房、１９９７
『親鸞は源頼朝の甥――親鸞先妻・玉日実在説』西山深草、白馬社、２０１１
『親鸞聖人の生涯』梯實圓、法藏館、２０１６
『東京教区における親鸞聖人史跡伝説伝承展――語り継がれた物語』東京教区宗祖親鸞聖人７５０回御遠忌推進委員会親鸞聖人伝説伝承部会、真宗大谷派東京教務所、２０１３
『親鸞聖人御旧跡巡拝誌 関東篇』高下恵、百華苑、１９８１
『親鸞と東国（人をあるく）』今井雅晴、吉川弘文館、２０１３
『親鸞と東国門徒』今井雅晴、吉川弘文館、２０１３
『親鸞のあしあと――生涯と旧跡紀行』新妻久郎、朱鷺書房、１９９８
『親鸞聖人二十四輩巡拝――関東御旧蹟を歩く』新妻久郎、朱鷺書房、１９９６
『了源上人――その史実と伝承（興正寺史話１）』熊野恒陽、白馬社、２００５
『覚如（人物叢書）』重松明久、吉川弘文館、１９６４
『評伝角張成阿弥陀仏――法然伝記を新しくするもの』高橋富雄著・浄運寺編、信濃毎日新聞社、２００４
『鯨鯢と呼ばれた男 菅原道真』東茂美、海鳥社、２０１９
『ものがたり太宰府の歴史』観世広、海鳥社、２０１１
『資料にみる紫雲山安楽寺（福岡県久山町）の歩み』紫雲山安楽寺編、紫雲山安楽寺、２００２
『松林山端坊の歴史――その文化と遺産』浄土真宗端坊寺史編纂委員会編・本多正道編著、萩：浄土真宗本願寺派山口教区端坊、２０１２

取材協力（敬称略）
茅ヶ崎市役所文化推進課市史編さん担当
福岡県飯塚市・大隈和子
山口県萩市・松林山端坊
福岡県糸田町・堀泰樹

終わりに

一一七五（承安五）年、乱世の中に法然によって開かれた（令和六年は開宗八百五十年）万人が平等に救われるという選択本願《せんじゃくほんがん》の念仏を確かに聞き受けられたということを、法然によって許可された親鸞であった。

その証に本文中にも記した門外不出、門内でも慎重に取り扱われた『選択本願念仏集』の書写を許され、仕上ったその書の最初に法然は筆を下し、題号をはじめとした文字を書かれ、さらには同日、法然自身の真影（肖像画）を預り、絵師に模写してもらい表装して法然が閲《えつ》して、さらにその絵の上部に善導大師《ぜんどうだいし》の文を讃として書いた。

そのことを親鸞が表した『教行信証《きょうぎょうしんしょう》』後序《こうじょ》には「これ専念正業《せんねんしょうぎょう》の徳《とく》なり、これ決定往生《けつじょうおうじょう》の徴《しるし》なり。よりて悲喜《ひき》の涙《なみだ》を抑《おさ》へて由来《ゆらい》の縁《えん》を註《しる》す」（それは、念仏の道をいただいてきた恩恵であり、往生が定まっているというしるしである。よって悲しみと喜びの涙を流すのを抑えて、そのあり方を書きしるす）と書かれている。

それは親鸞が単に自分の行績を述べたのではなく、選択本願念仏の正しい伝持者であることが、法然によって証せられたのである。

ここで親鸞は涙を流したようであるが、悲しみの涙とは、無理解な僧侶や国家権力者らによって、万人平等の救済を告げる最上の法である本願念仏の教えが弾圧されたこと、喜びの涙とは、法然の教えに遇《あ》いその教法が伝持されたことを認められたことである。「御消息《ごしょうそく》（手紙）」の中でも親鸞が涙を流した様子が臨場感をもって述べられているが、そこには人間親鸞としての実像を感じることが出来る。

その浄土宗として開かれた法然の教えの信心という世界を、さらに展開させたのが親鸞であった。

そこに「真」の一文字を入れて「浄土真宗」として開顕された。ただ、注意しなければならないのは、親鸞が「浄土真宗」という時は、今日のような宗派の名として狭義に捉《とら》えるのではなくて、一切の者の上に釋《しやく》尊《そん》の言葉となって説かれた『大無量壽経《だいむりようじゆきよう》』の教えの真実を「浄土真宗」というのである。

それから時が流れて八百年、今日現在筆者のところまで届いてくださっている教えである。

平安時代から鎌倉時代の乱世を生きた大庭景義、そしてその後胤景明《こういんかげあき》は仏縁熟し出家得度し、京都にて後の松林山端坊《しようりんざんはしのぼう》の開基となり、それが今日では山口市松林山端坊と萩市松林山端坊の二ヶ寺に法灯が伝えられている。

景明三十六歳の時に八十四歳の親鸞と出遇い、法名を明源《みようげん》と授かり、染筆と伝わる「南無不可思議光如来《なむふかしぎこうにょらい》」（九字名号《くじみようごう》）を賜《たまわ》った。親鸞入滅《にゆうめつ》後、山科西野村の庵にいた頃、戦いにより火事となったが、この九字名号の部分だけが焼け残り本願寺第三代覚如《かくによ》に呈したところ、驚愕し表装をした。他に親鸞の自画像、聖徳太子像、和讃《わさん》等が伝わっている。

それらの法物は親鸞入滅後七百六十余年経た今日までも、有難いことに萩市松林山端坊で護られている。大庭景義の生きた時代を通して思いがけず親鸞の人物像の一端を垣間《かいま》見ることが出来た。

久保浄慧（くぼ・じょうえ）
1945（昭和20）年生まれ
浄土真宗本願寺派　衆徒、前坊守
2006年７月　真宗教団連合カレンダー入選
「いま聞き いまうなずき いま念仏申す」
2020年　本願寺御法楽献詠歌入選
「あかね雲 光り輝き鳥は巣に 人は浄土へいざ帰りなむ」
CD アルバム「一滴」「法雨」「群萌」「自然」「遇」「唯」「照」「願」
「久留島武彦記念館の歌」制作
2021年11月　久留島武彦記念館コンサート
2022年『教如上人と端坊明念』

『吾妻鏡《あずまかがみ》』に見《み》る大庭景義《おおばかげよし》

■

2024 年 7 月 7 日　第 1 刷発行

■

監修 堀　泰樹
著者 久保浄慧
発行者　杉本雅子
発行　有限会社海鳥社
〒812-0023 福岡市博多区奈良屋町 13 番 4 号
電話 092（272）0120　FAX092（272）0121
http://www.kaichosha-f.co.jp
印刷・製本　九州コンピュータ印刷
ISBN978-4-86656-168-4
［定価は表紙カバーに表示］